工会工作实务丛书

职工素质建设工程实用手册

刘桂萍 编著

中国工人出版社

图书在版编目（CIP）数据

职工素质建设工程实用手册 / 刘桂萍编著. —北京：中国工人出版社，2016.4
ISBN 978-7-5008-6386-1

Ⅰ. ①职… Ⅱ. ①刘… Ⅲ. ①职工教育—中国—手册 Ⅳ. ①G726-62

中国版本图书馆CIP数据核字（2016）第084709号

职工素质建设工程实用手册

出 版 人	芮宗金
责任编辑	罗荣波
责任校对	孙迺伟
责任印制	栾征宇
出版发行	中国工人出版社
地　　址	北京市东城区鼓楼外大街45号　邮编：100120
网　　址	http://www.wp-china.com
电　　话	（010）62350006（总编室）（010）62005039（出版物流部） （010）82075935（工会与劳动关系分社）
发行热线	（010）62004002　（010）82081553（传真）
经　　销	各地书店
印　　刷	北京市密东印刷有限公司
开　　本	700毫米×1000毫米　1/16
印　　张	10.25
字　　数	140千字
版　　次	2016年7月第1版　2020年4月第3次印刷
定　　价	26.00元

本书如有破损、缺页、装订错误，请与本社出版物流部联系更换

目　录

Contents

第一章　职工素质建设工程基础知识

第二章　工会干部需掌握的专业知识

第三章 素质工程的内容体系

第四章 加强职工思想道德素质建设

第五章　推进科学文化素质建设

第六章　强化职工技术技能素质建设

第七章　增强职工民主法治素质建设

第八章　提升职工健康安全素质建设水平

附　　录

第一章 职工素质建设工程基础知识

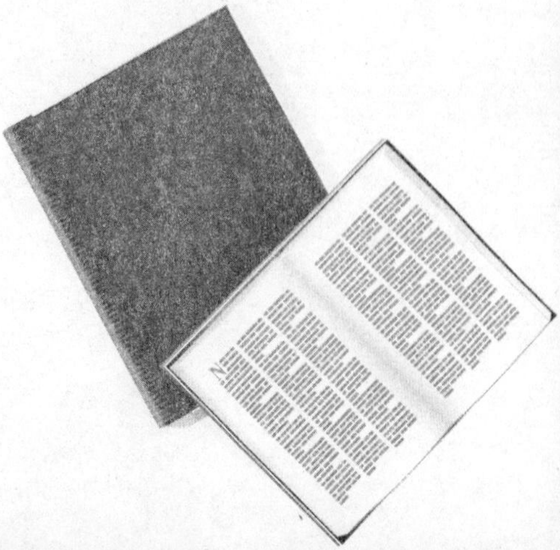

2016年全国“两会”上，“工匠精神”第一次被写进了政府工作报告，缺乏技术精湛的工匠被认为是制约“中国制造”转向“中国智造”的瓶颈。以制造业为代表的实体经济是一个国家经济的基础和支柱，要实现大国制造的目标，就需要一大批技术熟练的高素质的产业工人。工会开展职工素质建设工程（以下简称素质工程）工作，其目标就是要不断提高广大职工的职业素质，造就一批有技能、高素质的产业工人。

一、素质工程的主要内容

（一）素质的概念

素质是一个人思想成熟程度、心理和人格发育程度、知识结构合理程度、为人处世通达程度等多方面表现的总和，[①] 是一个人在政治、思想、作风、道德品质、知识和技能等方面，经过长期锻炼、学习所达到的一定水平。

素质包括先天素质和后天素质。先天素质指通过父母遗传因素而获得的素质，主要包括感觉器官、神经系统和身体其他方面的一些生理特点。后天素质是通过环境影响和教育而获得的，是在先天生理基础上，受后天的教育训练和社会环境的影响，通过自身的认识和社会实践逐步养成的基本品质。对素质的理解，主要包括以下三方面的内容。

1. 素质是教化的结果

素质是在先天条件的基础上，通过后天教育和社会环境影响逐步形

① 李建军．大学生职业素质与能力拓展教程．中国农业出版社，2009。

成和发展起来的。随着科技发展的突飞猛进，终身学习成为必然的要求。职工若只依靠学校所学知识，是远远无法满足企业和职工本人的发展需要的，因此，以素质工程为平台和载体，以职业发展为目标的在职学习和培训就显得非常重要。

2. 素质是自身努力的结果

一个人的素质是通过自己的努力学习和实践来获得的，是将学习转变为自身的自觉行为并获得一定知识的结果。职工本人永远是提升能力的主体，只有自己意识到学习培训的重要性，并自发地去学，才能达到最终提升素质的目标。因此，素质工程要努力将“要我学”转变为“我要学”。一是要不断提升职工的学习意识，营造职工终身学习的氛围；二是要丰富职工学习培训的内容，着力提升职工的综合素质；三是要研究和设计职工学习项目和载体，努力创新适合在职职工学习培训的方式。

3. 素质是一种比较稳定的基本品质

素质这种品质一旦形成，就会相对稳定。比如，一个素质好的职工，他总是能正确地对待别人，对待自己。企业要正确看待职工培训和素质提升。一些企业只关注职工的岗位技能培训，只将培训重点放在应知应会的内容的培训上。实际上，职工的基本价值观、工作态度、工作动机、工作方法等基本素质培训同样是很重要的。因此，素质工程应致力于提升职工的综合素质。

（二）职业素质的概念

职业素质（Professional Quality）是劳动者对社会职业了解与适应能力的一种综合体现，主要表现在职业兴趣、职业能力、职业个性及职业情况等方面。职业素质的特征表现为以下方面。

1. 职业性

职业素质是一个人从事职业活动的基础，并且总是同职业联系在一起。不同的职业对素质的要求是不同的，如工程技术人员与销售服务人员的素质要求会有很大的不同，它不仅表现在专业知识和技能方面，也表现在职业道德和心理素质等方面。因此，对职工职业素质的培养要因人而异、因岗而异。

2. 内在性

职业素质是一个人接受教育和培养，通过实践和磨炼，从而不断内化、积淀和升华的过程。职业素质需要教育训练和培育培养，但职业素质一旦形成，就会存在并表现于职工的一切职业活动和行为中，决定着职工职业活动和行为的效果。

3. 整体性

现代社会的职业岗位要求具有复杂性，其对职工的职业素质要求是多方面的。通常胜任本职工作的职工不仅要有扎实的专业技术技能，还要有良好的思想道德素质、心理素质甚至身体素质等。

4. 发展性

现代社会经济飞速发展，科学技术不断提高，必然会带来社会职业和职业岗位的发展变化，这种变化不断地对职工提出新的职业素质要求。因此，职工只有加强终身学习，持续培养，不断地提高和培养职工的素质，才能适应社会发展的需要。

（三）素质工程的主要内容

素质工程是指为适应经济发展方式转变、现代产业体系建设、企业可持续发展和人的全面发展的要求，面向为经济社会发展和生产服务的在职职工尤其是一线职工，通过搭建多载体、多元化、终身化的教育培训平台，造就高素质劳动者和技能人才，并促进其职业发展的教育工程。素质工程的主要内容包括以下几个方面。

1. 素质工程着力于提高职工的职业素质

素质工程是由工会牵头组织的在职职工教育培训项目，因此，素质工程的着力点在于不断提高职工的职业素质。按照“素质研究之父”美国哈佛大学著名心理学家大卫·麦克利兰的研究成果，职业素质通常包括技术技能、知识学历等显性部分，同时，还包括职业意识、职业道德、职业态度等隐性部分。

2. 素质工程的目标群体为在职职工

素质工程是由工会牵头开展的教育活动，目标是维护职工的学习培训权，关注职工的职业发展。因此，素质工程的工作对象很清晰，主要是在职职工，尤其是一线职工。职工在入职前，有教育部门保障其接受基础教育。职工入职后的教育培训情况却参差不齐，有些企业给予职工充分的教育培训机会，使职工在工作的同时获得了职业发展；而有的企业则缺乏相应的培训，职工的受教育培训权得不到保障。在企业中，通常新入职员工和中高层管理人员的培训较有保障，而普通的一线职工则往往没有系统的教育培训计划，甚至在很多企业出现空白的情况。因此，工会一定要关注在职职工，尤其是一线职工的学习培训状况。

3. 工会开展素质工程的主要工作方式

在职职工培训是一个全员性的系统工程，它贯穿职工的整个职业生涯发展过程，关系着职工的薪酬、考核及晋升等。职工培训需要完善的制度给予时间、待遇等方面的保障，还需要人、财、物等方面的大量投入，培训的内容要兼顾企业和职工的发展。因此，在职职工培训的主体是企业，工会开展职工素质工程的主要方式是搭建职工学习发展的平台，通过工会的沟通协调作用，充分整合企业、政府、社会及工会资源，给予职工一定的学习资源、学习权利、学习机会及享受发展晋升的通道。

快速阅读

素质工程工作的相关概念

定义	概念	特征
素质	是一个人思想成熟程度、心理和人格发育程度、知识结构合理程度、为人处世通达程度等多方面表现的总和	1. 是教化的结果，因此职工培训很重要； 2. 是自身努力的结果，因此要培养职工的学习意识； 3. 是比较稳定的基本品质，因此要注重培养综合素质
职业素质	是劳动者对社会职业了解与适应能力的一种综合体现，主要表现在职业兴趣、职业能力、职业个性及职业情况等方面	1. 职业性，不同的职业对素质的要求不尽相同； 2. 内在性，职业素质是不断培养持续深化的过程； 3. 整体性，职业素质包括思想道德、科学文化、身心等整体素质
素质工程	是指适应经济发展方式转变、现代产业体系建设和人的全面发展、可持续发展的要求，面向经济社会发展和生产服务的在职职工，尤其是一线职工，通过搭建多载体、多元化、终身化的教育培训平台，造就高素质劳动者和技能人才，并促进其职业发展的教育工程	1. 着力于提高职业素质，即与职业和岗位相关的素质； 2. 目标群体为在职职工，关注在职职工的学习培训； 3. 工会开展的方式为搭建平台，即工会不一定为实际操作者，但要推动此项工作

二、素质工程的必要性

2015 年 4 月 28 日，在庆祝“五一”国际劳动节暨表彰全国劳动模范和先进工作者大会上，习近平总书记发表了重要讲话。习近平总书记指出，要深入实施科教兴国战略、人才强国战略、创新驱动发展战略，把提高职工队伍整体素质作为一项战略任务抓紧抓好，实施职工素质建设工程，推动建设宏大的知识型、技术型、创新型劳动者大军。要深入开展中国特色社会主义理想信念教育，打造健康文明、昂扬向上的职工文化，拓展广大职工和劳动者成长成才空间，不断提高思想道德素质和科学文化素质。

新形势下，企业工会要充分认识到实施素质工程的重要性和必要性。

1. 劳动者享有接受教育的权利

根据《劳动法》第三条规定，劳动者享有接受职业技能培训的权利。《劳动法》第六十八条还规定：用人单位应当建立职业培训制度，按照国家规定提取和使用职业培训经费，根据本单位实际，有计划地对劳动者进行职业培训。《教育法》第四十条规定：国家机关、企业事业组织和其他社会组织，应当为本单位职工的学习和培训提供条件和便利。《职业教育法》第六条规定：行业组织和企业、事业组织应当依法履行实施职业教育的义务。第二十八条规定：企业应当承担对本单位的职工和准备录用的人员进行职业教育的费用。因此，用人单位必须积极地履行法定的人才培养义务，成为劳动者的“终身大学”。

2. 工会拥有教育的职能

《工会法》和《中国工会章程》赋予工会四项社会职能，即维护、建设、参与和教育。其中，维护是基本职能即中国工会要维护广大职工的合法权益；建设职能是指工会从长远利益出发，引导广大职工参加建设和改革，努力推动经济社会的发展，推动社会经济效益和生产力的提高，即努力将蛋糕做大；参与职能是指工会代表和组织职工参与国家和社会事务管理，参与企、事业单位的民主管理，实施民主监督，确保职工的源头参与；教育职能是指工会开展的职工思想政治和文化技术教育，不断提高职工的素质，维护其学习和职业发展权。

工会应会同企业、事业单位教育职工以国家主人翁态度对待劳动，爱护国家和企业的财产，组织职工开展群众性的合理化建议、技术革新活动，进行业余文化技术学习和职工培训，组织职工开展文娱、体育活动。工会动员和组织职工积极参加经济建设，努力完成生产任务和工作任务。教育职工不断提高思想道德、技术业务和科学文化素质，建设有理想、有道德、有文化、有纪律的职工队伍。

维护职工合法权益是工会的基本职责。职工权益最直接的方面就是劳动报酬，让劳动报酬增长与劳动生产率提高同步发展是工会的努力方向。对于职工而言，劳动力价值的高低在很大程度上取决于其受教育和受培训的程度。深圳市总工会的一项抽样调查显示，深圳市初中以下文化程度的新生代农民工中，78%的人从事没有技术含量的简单劳动，工资收入低于社会平均工资水平。

持续不断的教育培训与终身相伴的学习是防止职工身份固化的最有效的方式之一。20世纪90年代，国际21世纪教育委员会向联合国教科文组织提交了一份名为《教育——财富蕴藏其中》的报告。报告认为，教育在社会发展和个人发展中起基础性作用，是更深刻、更和谐的人的发展，是减少贫困、愚昧、排斥、压迫和战争的一种主要手段，是提高社会生活质量的基本手段。教育的首要作用之一是使人类有能力规划自身的发展，使每个人都能掌握自己的命运，并为自己生活在其中的社会的进步作出贡献。因此，教育培训是消除两极分化，谋求社会公平的根本办法。

3. 职工有学习的需求

即将成为职工队伍主体的“80后”、“90后”们有着明显不同于上一代职工的特点，他们受教育程度相对较高，成长的环境也优越很多，而且接收信息的来源、数量都更为广泛和丰富，因此，其主要诉求已大为不同。上一代职工将“养家糊口”作为主要诉求之一，而新生代职工对于职业发展的诉求则日益强烈。

2014年，上海宝钢集团就不同职工群体的需求做了调查研究，发布了《关于工会工作适应不同职工群体需求的研究报告》。调查报告显示：在795名被调查职工中，有84%的被调查职工在企业中有危机感，而且危机感主要来自学历低和技能水平低这两个因素，占危机源的50%。调查还显示，有77.5%的被调查职工希望定期接受企业组织举办的新知识和技术培训，有51.6%的职工希望企业为职工自学成才创造条件。

无独有偶，2014 年，中国国防邮电工会在《关于国防邮电行业职工权益实现现状的调研报告》中反映，职业发展问题是职工反映较为强烈的问题，一方面，其反映出青年职工的职业发展缺乏规划和引导，希望有较为通畅的职业晋升和发展通道。另一方面，也反映出职工培训方面存在着问题。职工反映技能培训实用性、针对性不强，流于形式，与职工日益增长的提高自身技能的需求不适应。调查反映，职工希望得到系统化、制度化、长期化、个性化的职业培训，使知识技能不断提升。

4. 企业需要关注技术工人的培养

现代企业竞争实际上是员工能力与素质的竞争，谁拥有高素质的员工，谁就将获得竞争优势。沃尔玛创始人山姆曾说，企业的技术、专利等可以购买或复制，但唯独员工能力难以购买和复制。比尔·盖茨也曾说过，将我们公司最好的 20 人拿走，微软在世界上将变得无足轻重。2008 年全球金融危机后，很多企业意识到了企业的转型升级和创新发展需要一大批高素质的职工队伍来支撑，因为资本可以融通，技术可以引进，管理可以移植，设备可以购买，唯独职工队伍需要自己培养。其他条件都可以在短期内获得，唯独人才培养是一个长期的、持续的过程。

现实中，企业的培训状况却并不乐观。中消研市场研究有限公司发布的报告《中国企业人力资源管理调查报告——企业员工培训现状》显示：总体上看，我国企业在员工培训经费投入上普遍较低，占公司销售收入 3% ~5% 以上的企业仅为 8.7%，而占销售收入 0.5% 以下的企业有 48.2%。尽管企业制订员工培训计划的比例为 69%，但大部分企业的员工培训计划执行得不好，“严格执行”培训计划的企业只有 42.1%，“执行不力”的占 56.4%，没有执行的 1.5%。另外，还有 31% 的企业在员工培训中没有培训计划。这一方面反映了企业培训制度化、规范化、专业化程度均有待加强；另一方面也反映了企业对于员工培训爱恨交加。尽管许多企业有培训的意识，但培训需要投入，培训不能很快产生收益，没有立竿见影的效果，培训后的员工更易跳槽，企业中职工的可替代性强，不培训不影响人工使用等，都影响了企业职工培训的开展。

正因长期如此，我国整个职工队伍的教育培训状况不佳，不能获得及时、持续、有效的培养。面临知识信息快速发展的社会形势，职工队伍出现了知识技能水平不高，应对新知识新科技的能力不足，适应市场和就业的能力低下等问题，职工的学习培训和职业发展权值得工会给予高度关注。

案例

打造学习平台，让“大学校”向企业中延伸

为了让工会“大学校”更好地向企业延伸，无锡市总工会重点指导、支持市总干校研发推出集学历提升、菜单式授课、心理咨询等于一体的大型“搜搜课”网络平台，并将其作为推进“大教育工程”的重要抓手，助推职工素质全面提升。

“搜搜课”职工教育培训网络平台通过线上和线下相结合的培训方式，打造网站与基地“两位一体”的职工教育新平台。线上教育为包括48堂专家教授在线讲座的自助式教育平台；线下教育由52场“一周一讲”、48个课题的“当知识来敲门”公益巡讲、12个课题的“远朋月月聚”外语沙龙、11个课题的“从心开始”心理沙龙等品牌领衔，涵盖130个门类的近千种培训课程。

无锡市总工会一方面指导“搜搜课”依托工会网络资源，迅速扩展职工培训实体，在近270家企业中建立“职工教育培训基地”，为企业提供公益性、高密度、订单式培训；另一方面积极整合原有的职工教育培训项目和资源，将“百场公益巡讲进企业”活动、“工会励志奖学金”项目、“职工书屋”网络阅读功能等注入“搜搜课”，并通过“搜搜课”平台，提高面向企业、面向职工的服务比重和服务成效。

随着“搜搜课”平台的不断发展，无锡市总工会的“公益电商”创新理念经受住了社会和市场的考验，赢得了供需双方的赞誉。短短一年

时间，“搜搜课”平台就集结了294家社会培训机构，会聚了1000多人的专家教授师资队伍。目前已有1400多家规模企业注册参加培训，培训职工20万人次，“搜搜课”网站点击量已超过200万人次。

三、素质工程工作的特点

素质工程工作作为针对在职职工广泛开展培训的职业教育平台，其具有如下特点。

1. 素质工程工作的全员性

素质工程的工作对象上至领导下至普通员工，尤其关注对普通一线职工的培训。通过全员性的职工培训，大大提高企业员工的整体素质水平，有效地推动企业的发展。

2. 素质工程工作的终身性

单凭职工在工作的学校正规教育中获得的一点知识难以应对新形势下社会发展的挑战，素质工程强调职工培训的终身性，其培训内容贯穿于职工的整个职业生涯过程。通过推行终身学习，不断为职工补充新知识、新技术和新经营管理理论。

3. 素质工程工作的多样性

素质工程工作培训的内容涉及思想道德、科学文化、技术技能、民主法治及安全生产等方面，强调的是综合素质的提升。同时，培训的范围已从企业扩展到整个社会，形成学校、企业、社会“三位一体”的完整的职工培训平台和网络。

4. 素质工程工作的计划性

即企业要把素质工程工作，尤其是普通职工的培训纳入企业的发展计划之内，有计划、有组织地实施职工素质工程工作。通过制订科学化的职工培训计划，有计划地提高企业人力资源素质，促进职工素质提升和企业发展进步的统一。

四、推进素质工程的保障措施

企业工会要想有效推进素质工程工作，切实维护职工的教育培训权和职业发展权，就要加强协调和沟通，建立必要的工作体系，确保以下保障措施落实到位。

1. 建立组织领导体系

要推动建立在企业党委领导下，行政支持、工会牵头、职工参与的职工素质建设工程工作机制。加强与行政部门的沟通协作，推动职工素质建设工程有关政策的制定和落实，积极争取将相关工作纳入企业人力资源发展规划，与有关部门共同部署、合力实施。

2. 建立经费保障机制

要建立企业经费保障、工会经费补贴、社会各方支持、职工适当分担的素质工程经费支持和资金保障机制。积极争取政府及相关部门的职工教育培训补贴政策，多方筹集职工教育培训资金。督促企业将占企业工资总额1.5%～2.5%的职工教育培训经费切实用于职工教育培训，并确保职工教育培训经费总额的60%以上用于一线职工的教育培训，并将此项经费落实情况作为厂务公开和集体合同的重要内容在企业内进行公布，接受职工监督。同时，确保工会的一部分经费用于职工的教育培训，鼓励职工适当分担些教育培训费用。

3. 注重职工教育培训阵地建设

有培训中心、培训学校、企业大学的企业，要强化其职工教育培训的职能，依托专业的教学和管理力量承担职工培训；企业不具备培训阵地的，可委托社会办学力量承担职工培训任务。充分发挥各地职工大学的作用，开展校企合作等培训模式；大力发展在线教育，完善职工教育培训网络体系，搭建智能化、移动化、线上线下相结合的职工在线学习平台。

4. 完善考核激励机制

建立健全符合职工素质建设工程工作特点的考核奖惩机制，把职工素质建设工程纳入同级工会年度工作计划，同部署、同推进、同落实、同考核。各省级职工素质建设工程领导小组要适时对本省职工素质建设工程的规划的实施情况进行检查评估，上报全国职工素质建设工程领导小组。

深阅读

职工教育相关的法律法规

序号	法律	条款
1	《劳动法》	第三条：劳动者享有接受职业技能培训的权利。 第六十八条：用人单位应当建立职业培训制度，按照国家规定提取和使用职业培训经费，根据本单位实际，有计划地对劳动者进行职业培训。
2	《工会法》	第三十一条：工会会同企业、事业单位教育职工以国家主人翁态度对待劳动，爱护国家和企业的财产，组织职工开展群众性的合理化建议、技术革新活动，进行业余文化技术学习和职工培训，组织职工开展文娱、体育活动。
3	《教育法》	第十九条：企业事业组织应当采取措施，保障劳动者接受各种形式的职业培训。 第四十条：国家机关、企业事业组织和其他社会组织，应当为本单位职工的学习和培训提供条件和便利。
4	《职业教育法》	第三条：职业教育是国家教育事业的重要组成部分，是促进经济、社会发展和劳动就业的重要途径。国家发展职业教育，推进职业教育改革，提高职业教育质量，建立、健全适应社会主义市场经济和社会进步需要的职业教育制度。 第四条：实施职业教育必须贯彻国家教育方针，对受教育者进行思想政治教育和职业道德教育，传授职业知识，培养职业技能，进行职业指导，全面提高受教育者的素质。 第六条：各级人民政府应当将发展职业教育纳入国民经济和社会发展规划。行业组织和企业、事业组织应当依法履行实施职业教育的义务。 第二十条：企业应当根据本单位的实际，有计划地对本单位的职工和准备录用的人员实施职业教育。企业可以单独举办或

续表

序号	法律	条款
4	《职业教育法》	者联合举办职业学校、职业培训机构，也可以委托学校、职业培训机构对本单位的职工和准备录用的人员实施职业教育。从事技术工种的职工，上岗前必须经过培训；从事特种作业的职工必须经过培训，并取得特种作业资格。 第二十八条：企业应当承担对本单位的职工和准备录用的人员进行职业教育的费用，具体办法由国务院有关部门会同国务院财政部门或者由省、自治区、直辖市人民政府依法规定。 第二十九条：企业未按本法第二十条的规定实施职业教育的，县级以上地方人民政府应当责令改正；拒不改正的，可以收取企业应当承担的职业教育经费，用于本地区的职业教育。
5	《国务院关于发展现代职业教育的决定》	第三条第十款：健全企业参与制度。研究制定促进校企合作办学有关法规和激励政策，深化产教融合，鼓励行业和企业举办或参与举办职业教育，发挥企业重要办学主体作用。规模以上企业要有机构或人员组织实施职工教育培训、对接职业院校，设立学生实习和教师实践岗位。企业因接受实习生所实际发生的与取得收入有关的、合理的支出，按现行税收法律规定在计算应纳税所得额时扣除。多种形式支持企业建设兼具生产与教学功能的公共实训基地。对举办职业院校的企业，其办学符合职业教育发展规划要求的，各地可通过政府购买服务等方式给予支持。对职业院校自办的、以服务学生实习实训为主要目的的企业或经营活动，按照国家有关规定享受税收等优惠。支持企业通过校企合作共同培养培训人才，不断提升企业价值。企业开展职业教育的情况纳入企业社会责任报告。 第五条第二十一款：企业要依法履行职工教育培训和足额提取教育培训经费的责任，一般企业按照职工工资总额的1.5%足额提取教育培训经费，从业人员技能要求高、实训耗材多、培训任务重、经济效益较好的企业可按2.5%提取，其中用于一线职工教育培训的比例不低于60%。除国务院财政、税务主管部门另有规定外，企业发生的职工教育经费支出，不超过工资薪金总额2.5%的部分，准予扣除；超过部分，准予在以后纳税年度结转扣除。对不按规定提取和使用教育培训经费并拒不改正的企业，由县级以上地方人民政府依法收取企业应当承担的职业教育经费，统筹用于本地区的职业教育。探索利用国（境）外资金发展职业教育的途径和机制。

第二章 工会干部需掌握的专业知识

素质工程工作是工会针对经济社会发展的需要而开展的一项创新性工作，是工会发挥“大学校”作用的具体落实，是工会教育职能的延伸和具体化。素质工程工作的好坏既涉及职工素质提升，也关系企业和职工的发展。工会干部要将其作为一项工程、作为工会的一项专业职能，科学地对素质工程进行设计、管理、运行和评价，为此，需掌握一些专业理论知识。

一、掌握职业生涯管理理论

职业生涯管理理论是现代人力资源管理的重要内容之一，是企业帮助员工制定职业生涯发展规划，促进其职业生涯发展的一系列活动。现代人力资源管理理论认为，职业生涯发展规划通过职业评估、职业规划、职业培训、职业成长等方式和手段，可以帮助企事业单位开发员工的潜能，留住员工，同时使员工具有自我实现的职业成就感。

（一）职业生涯管理理论的基本内容

职业生涯管理理论的基本内容主要包括三个方面。

1. 一个人的职业生涯有五个发展阶段

著名职业生涯规划大师萨柏认为，一个人的职业生涯发展大致需要经历五个阶段，在不同的阶段，人的职业目标、职业追求、职业培训的重点都会有所不同，其主要包含下列内容。

（1）成长阶段（14 岁以前）：在这一阶段，个人经历对职业从好奇、幻想到兴趣，再到有意识地培养职业能力的逐步成长过程。个人通过从外界感知职业，对自己觉得好玩和喜爱的职业充满幻想和进行模仿。再以兴趣为中心，理解、评价职业，开始作职业选择，并根据自己的爱好有意识地培养职业能力。

（2）探索阶段（15～24岁）：在这一阶段，每一个人将认真地探索各种可能的职业选择。个人会试图将自己的职业选择与其对职业的了解以及个人兴趣和能力匹配起来。同时，还须根据各种职业选择的相关信息进行相应的教育与培训。

（3）建立阶段（25～44岁）：这一阶段是大多数人工作生命周期的核心部分。通常30岁以前，选择并变换工作的机会和频率较大一些，30岁之后则逐步进入了职业的稳定阶段，大多数人已有自己明确坚持的职业发展方向，并逐步形成较为明确的职业生涯规划。在这个阶段，无论是组织还是个人，都应该对需要什么样的教育培训活动等有较为明晰的思考和判断了。

（4）维持阶段（45～64岁）：这一阶段属于职业生涯的后期阶段，此时人们一般都已经在自己的工作领域中有了一席之地，因而他们的大多数精力主要放在保持现状上了。

（5）衰退阶段（65岁以后）：在这一阶段，人的健康状况和工作能力都在逐步衰退，职业生涯接近尾声，再接下去，就是几乎每个人都不可避免地要面对的退休了。

2. 职业生涯需要规划也需要不断学习

员工职业生涯规划通常需要经过四个步骤。

（1）自我评价。即员工确定职业兴趣、职业价值观、就业资质以及行为取向，员工要思考当前所处的位置，制订出未来的发展计划，评估个人的职业发展规划与当前所处的环境以及可获得的资质是否匹配。在这里，企业要向职工提供评价信息，帮助员工判断其优势、劣势、职业兴趣及职业价值观。

（2）目标设定。即员工确定短期和长期的职业目标。这里的职业目标要与员工的期望职位、掌握的技能水平及获得的提升等紧密联系。企业要能与职工共同设定职业目标，并据此研究和制订职工的培养计划。

（3）现实审查。即员工要了解自身与公司潜在的晋升机会、横向流动等规划是否相符合。同时，企业要充分评估员工现有的知识和技能水平。这一环节可以看成是职工进行职业培训需求调查的一种重要方式。

（4）行动规划。即帮助员工决定如何才能达成自己的短期和长期职业目标。在这一阶段，员工要认真履行职责，提升工作效率和质量，同时加强培训和学习，不断增强知识技能储备，以工作业绩来换取职业发展。同时，企业要制订完善的职工培训计划，帮助职工提高技能。只有企业主动、积极、完善地制订员工培养计划，才能确保员工的发展与企业的发展是同向、同步的，否则就会出现员工获得高技能后另谋高就的状况。

3. 企业对员工的职业生涯进行有效管理

企业要主动科学地进行员工职业生涯管理，积极帮助员工适应工作、提升技能、改善工作、获取发展。职业生涯管理主要包括以下五个环节。

（1）设立职业通道。即根据企业的实际情况，建立若干的员工职业发展通道，例如管理、技术、营销、行政、科研等。同时，明确不同职系的晋升评估、薪酬管理等，使具有不同能力素质、不同职业兴趣的员工都能找到适合自己的发展路径。

（2）职业指导。即企业要有相应的职业发展指导或辅导，这类工作通常由上级主管或资深员工承担，也就是要对员工的个人特长、技能评估和职业倾向进行评估或调查，帮助员工根据自己的职业兴趣、资质、技能、个人背景等明确职业发展意向、设立未来职业目标、制订发展计划表。

（3）能力开发。即企业应结合员工的职业发展目标为员工提供开发能力的条件，包括培训、工作实践和业务指导等。企业还可以根据实际情况，提供包括在职、脱产等各种形式的、有针对性的培训并鼓励员工自我培训。

（4）检查评估。即企业定期对职业生涯管理制度的执行情况进行检查，同时对员工进行能力、绩效的评估，确定能力开发成果，分析员工是否达到或超出当前所在岗位的资格要求，距离下一步职业目标的差距，为实现目标还需要怎样的培养等。

（5）反馈修正。指阶段性的检查评估结束后，企业要向员工反馈评估结果，根据评估结果，帮助员工分析前进途中的问题和差距，并向员工提出改进措施或者建议，协助其调整未来发展目标和方向。

（二）建立职业生涯规划导向下的职工培训体系

职工的职业培训与职业生涯规划紧密相连。几乎每个职工都希望自己的职业越来越成功，职业生涯发展道路越走越宽阔。而要确保职业发展的顺利和坦荡，就需要不断进行学习和培训。因此，职工培训相较于职前教育来说，更具实用性和目的性，职业培训与职业发展紧密相连。在实际工作中，工会不能就培训论培训，为培训而培训，而要将职业培训看作是职业发展的重要环节、重要手段、重要步骤、重要方法，将职业培训融入职工的整个职业生涯发展中。同时，职工职业发展与企业战略发展是相辅相成的，职工职业发展还要与组织战略目标与组织发展紧密联系在一起。

工会要充分了解职工在不同职业发展阶段的职业困惑和培训诉求，有针对性地设计和开展职工培训，根据处于不同职业发展阶段职工的特点来进行培训内容设计。

参考

职工职业发展阶段与培训内容设计

职业阶段	特征	培训内容	培训目标	培训方式
成长阶段	对职业有神秘感，充满向往和憧憬，寻找现实的工作机会和角色模式	职业资格培训；职业素质训练	具备进入职场的心理准备和技术资质	自学；学校学习
探索阶段	精力充沛，进取心强，具有积极向上、争强好胜的心态。但由于年轻气盛，缺乏经验，不完全了解企业文化，容易表现出浮躁和冲动，可能导致人际关系的不和谐，需要逐步适应大小环境及人际交往方式等	企业文化；企业制度；团队合作；岗位技能提升；职业道德教育；综合能力提升	由自由人培养为组织人；开始适应企业管理和团队合作；开始尝试培养其较为综合的能力，提升其专业技能	教师讲授；经验介绍；拓展训练；导师指导

续表

职业阶段	特征	培训内容	培训目标	培训方式
建立阶段	一方面，专业达到了一定水平，职业开始有些起色；另一方面，出现职业困惑，出现迷惘情绪，同时出现家庭与事业的矛盾，职工情绪容易波动	专业技能提升；管理能力培训；沟通能力培训；职业规划培训；创新能力培训；心理压力缓解；家庭关系处理	帮助职工顺利渡过职业迷惘期，稳定职工队伍。同时，有意识地提升职工的专业技能或管理能力，为成为技术或管理核心员工做准备	企业培训；在岗指导；脱岗培训；专题讲座
维持阶段	职业进入稳定期，一般在岗位上小有成就，可以充当老师和导师角色	专业技能广度、深度培训；团队管理培训	帮助员工尽量提升工作效率和技能，同时提升他们带领团队，带领新同事的技能	导师带徒；脱岗培训；在岗培训；专题讲座
衰退阶段	面临着退休，工作动力和创新力减弱，容易产生失落感	生活技能，如摄影、插花、电影欣赏等培训	帮助他们逐步转变心态，开始做退休的心理准备	专题讲座

二、掌握人力资源开发与培训相关理论

素质工程工作要运用人力资源开发与培训的相关理论来提升工作的专业性与有效性。人力资源开发建立在人力资源培训的基础上，人力资源培训大体上可以分为几个过程：培训需求分析、培训方法选择、课程资源开发、培训组织优选、培训效果评估等。

（一）全面准确地开展培训需求分析

在每项培训活动开始之前，工会应联合企业人力资源部门采取一些

办法和技术，对培训的必要性及培训内容、培训实施等进行一系列的调查和分析，从而明确谁需要培训、为什么要培训、培训什么、怎么培训、培训成什么等问题，这些问题清楚了，培训才能有好的效果。

1. 培训需求分析的内容

在实际工作中，培训需求分析大多是通过座谈、问卷等方式进行的，工会工作人员通过询问员工需要什么培训内容、喜欢什么方式的培训，然后再进行相应的培训安排。这也使得很多培训工作陷入了员工喜欢什么，我就培训什么的“被动”状况。培训需求分析要兼顾组织、工作和员工三个层面，综合全面地进行分析。

（1）组织分析。组织分析是指通过对组织的目标、资源、特质、环境等因素进行分析，以便更准确地确定培训规划的目标、内容及实施。首先，要对组织目标进行认真分析，使培训的目标与企业发展的目标相一致。例如，当组织的目标是提高产品的质量时，那么，将培训目标和内容确定为质量管理就会很有效果。如果组织的目标是创新战略，那么，进行创新知识或创新思维的培训就会比较及时。其次，要对组织资源进行分析，组织的人力、物力、财力决定了培训的范畴、规格、时间、场所、师资等。最后，要对组织的文化和环境进行分析，既要保证培训倡导的价值观与企业文化相吻合，又要保证培训能得到制度、组织体系及各相关方面的支持，使组织上下都认同和支持培训，而不是将培训看作影响业务的绊脚石。

（2）工作分析。工作分析的目的是了解什么样的知识和技能能促使员工改善绩效，并将这些知识和技能作为培训的主要内容，这是制作培训课程的主要信息来源。工作分析是培训需求分析中最烦琐的一部分，但是，只有对工作进行精确的分析并以此为依据，才能编制出真正符合企业绩效和特殊工作环境的培训课程。在企业开展素质工程工作时，工会一定要会同人力资源部或业务部门共同分析和制定岗位所需的课程。

（3）员工分析。员工分析即分析员工现有状况与应有状况之间的差距，以此来确定谁需要培训及需要培训什么。进行员工分析时通常需要分析员工的以下几个方面：一是个人考核绩效记录，例如员工的工作能力、平时表现（请假、怠工、抱怨）、意外事件、参加培训的记录、离（调）职访谈记录等。二是员工的自我评价，即以员工的工作清单为基础，由员工针对每一单元的工作成就、相关知识和相关技能真实地进行自我评价。三是员工的知识技能测验，通常以实际操作或笔试的方式测验工作人员的真实工作表现。四是员工的态度评价，即员工对待工作、岗位、人际关系、顾客或客户的态度等。

2. 培训需求分析的方法

培训需求分析的方法有许多种，主要有访谈法、问卷调查法、观察法、关键事件法、绩效分析法、经验判断法、头脑风暴法、专项测评法和胜任能力分析法等。要针对不同岗位、不同群体、不同单位的具体情况进行不同方法的分析，或综合几种方法来对培训需求进行分析。

3. 培训需求分析的重点

培训需求分析要注重以下几个方面的内容。

（1）了解员工现有信息。对员工现有情况了解、掌握得越多，对培训活动就越为有利。要通过培训需求分析尽可能地了解员工信息，如了解到可能参加培训的人数，他们的年龄范围、工作和生活的地点、职业、兴趣等信息。

（2）了解员工的培训态度。员工的培训态度对培训的成败有着至关重要的作用，如果他们不积极、不配合，培训效果多半大打折扣。通过培训需求分析，可以了解员工对培训究竟持什么态度，同时还可以借机向有关人员强调培训的重要性并灌输某种观念，从而有助于增强培训效果。

（3）确定培训内容。培训需求分析能够帮助培训工作人员确定员工需要什么方面的培训，比如需要的是知识培训还是技能培训等。

（4）提供培训素材。有的培训方式是需要到各个部门中去收集相关材料的，比如案例研究和角色扮演。通过培训需求分析，可以收集到一些第一手的材料，增强培训的针对性。

（二）基于需求分析的培训体系建设

有了培训需求分析的基础，就该基于此建立一个完整的培训体系。规范的企事业单位通常都有较为完善的培训体系，它是确保培训融入企业整体发展，从而达到最佳培训效果的制度保障。通常，一个完善的培训体系包括制度、课程和讲师三大部分：制度是基础，包括培训管理办法、培训计划、相关表单、工作流程、培训评估办法及内部讲师制度；课程是灵魂，包括课程设计、课件制作、讲义编写、课程审核评估；讲师是载体，也就是说，讲师仅仅是培训体系中的一个执行者，扮演的只是去演绎课程的角色。

工会开展素质工程工作应该有两种情况：一种是工会与人力资源部共同开展职工教育培训工作，工会承担一部分培训内容，例如新员工的企业文化培训、职工职业精神以及关乎职工文化生活方面的培训内容等；另一种是工会独自开展培训，但其属于企业整个培训体系的一部分。例如，工会独自在调研的基础上设计了系列培训，包括技术技能培训、职工生活文化培训等，由工会来组织实施，这些课程成为企业整个培训体系的重要组成部分。但无论是哪种方式，符合企业职工需求，受企业职工喜爱的培训课程都是成功开展素质工程工作的制胜法宝。

培训课程设置是建立在培训需求分析基础之上的。根据培训课程的普及型、基础型、提高型的特征，我们可以将培训课程分为员工入职培训课程、固定培训课程和动态培训课程三大类。

员工入职培训课程设置较为简单，属普及性培训，课程主要包括企业文化、企业相关制度、企业发展历史、职业道德、职业精神等。

固定培训课程是基础性培训，是从事各类各级岗位需掌握的应知应会的知识和技能，岗位调动、职位晋升的员工以及绩效考核反映出知识和技能有欠缺的员工需加强固定课程培训。

动态培训课程是根据科技、管理等发展动态，结合企业发展目标和竞争战略进行设置的，开展这类培训的目的是为了保证员工能力和素质的提升，为企业的发展提供人才支持。

通常，企业岗位会分为管理类、专业技术类和服务保障类。从培训层次上讲，培训课程又分为针对高层管理者、中层管理者和基层管理者及普通员工的培训。针对不同岗位、不同层级进行的培训会有不同的课程重点。

（三）以人力资源开发和培训理论指导素质工程工作

工会开展素质工程工作，要基于人力资源开发和培训理论来构建。在开展工作的过程中，要避免以下方面的问题。

（1）仅凭热情盲目跟风。

有的工会不知道该为职工培训什么，也没有进行较为科学详细的需求调查，只顾着赶时髦，社会上流行什么就培训什么。例如前几年流行养生，就给职工培训养生、保健知识；后来流行心理减压，就给职工讲心理减压培训；再后来流行插花艺术，就给职工搞插花培训。这些培训本身都很好，但如若不完全符合培训企业、工作和职工的需求，那么就会培训时高高兴兴、热热闹闹，培训后全部忘掉，培训绩效得不到保证。这样的培训搞得多了，职工会审美疲劳，企业也会觉得耽误生产。

出现这种现象的原因，一方面是因为培训开始前没有进行培训需求分析。培训需求分析是培训工作中最基础的一项工作，如果忽视了这项工作，培训内容就不知如何确定，培训对象也不好界定。另一方面，培训只从课程出发去思考，而未从岗位需求去考虑。也就是只想到了该课程能给职工带来什么知识，而未考虑职工在工作和生活中需要什么知识，或者说急需什么知识。

（2）东一榔头西一棒槌，培训不成体系。

很多单位的培训看起来很系统，每周或每月定期举办，内容也涵盖很多方面，教师也有相应资质，但培训后大家在工作中的应用效果不理想。究其原因，是因为工作人员对培训需求没有进行科学的分析，没能抓住最需要培训的地方，没能围绕“命门”的需求去设计培训内容，结果导致培训后，大家也觉得很好，但总觉得不是那么解渴，从而使得培训效果大打折扣。

（3）培训没有与人力资源管理整个环节相融合。

在这种情况下，培训成为单独的一项工作，没能与人力资源开发体系相结合，从而使培训孤立起来。近年来，很多单位出现培训请职工参加，职工却没有热情，请都请不来，甚至发礼品都没人来的情况。这是因为培训组织者既没能摸清需求，又没能解决培训后的使用问题，培训内容也不吸引人，自然会出现这种情况。

三、掌握职业素质能力模型理论

素质工程工作通过提升职工的整体素质来提升职工的就业能力，职工的整体素质是一个内涵宽泛的概念，但最终聚焦在职工的职业素质上。那么，究竟什么是职业素质，职业素质包含哪些方面，如何提高职业素质？厘清这些问题对于科学推进素质工程工作很有帮助。

（一）职业素质能力模型理论的内容

职业素质能力模型理论是由美国著名心理学家、哈佛大学教授麦克利兰（McCelland）创建的。20 世纪 50 年代初，美国国务院感到以智力因素为基础选拔外交官的效果不理想。许多表面上很优秀的人才，在实际工作中的表现却令人非常失望。于是，麦克利兰教授应邀帮助美国国务院设计了一种能够有效地预测实际工作业绩的人员选拔方法。1973 年，麦克利兰教授在《美国心理学》杂志上发表了一篇文章，说明了滥用智力测验来判断个人能力的不合理性，认为直接影响工作业绩的个人条件和行为特征是胜任素质，并且提出了著名的职业素质“冰山模型”。

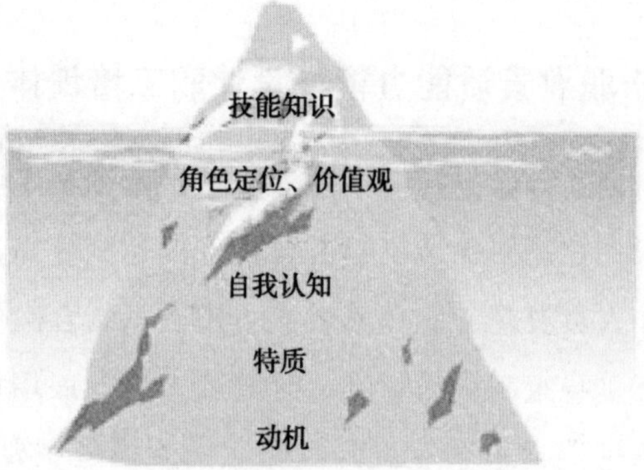

素质体系的“冰山模型”

所谓“冰山模型”，就是根据人员个体素质的不同表现形式将其划分为表面的“冰山以上部分”和深藏的“冰山以下部分”。其中，“冰山以上部分”指技能知识，是个体素质的外在表现，也是容易被了解与测量的部分，相对而言也比较容易通过培训来改变和发展。而“冰山以下部分”包括社会角色、自我认知、特质和动机，是人内在的、难以测量的部分，它们不太容易通过外界的影响而得到改变，但却对人员的行为与表现起着关键性的作用。

麦克利兰教授认为，一个岗位的胜任素质应包括以下六个层面：一是基本知识，即某一职业领域需要的信息，如人力资源管理的专业知识等。二是基本技能，指掌握和运用专门技术的能力，如英语读写能力、计算机操作能力等。三是社会角色，指个体对于社会规范的认知与理解，如想成为工作团队中的领导。四是自我认知，指对自己身份的知觉和评价，如认为自己是某一领域的权威。五是特质，指某人所具有的特征或其典型的行为方式。六是动机，指决定外显行为的内在的想法或念头，如追求工作荣誉感等。

员工个体所具有的胜任特征有很多，但企业需要的不一定是员工所有的胜任特征，企业会根据岗位的要求及组织的环境，明确能够保证员工胜任该岗位工作、确保其发挥最大潜能的胜任特征，并以此为标准来开展人力资源的相关工作。

（二）基于职业素质能力模型设计职工培训体系

企业开展培训的目标包括两个方面：一是帮助员工弥补不足，从而达到岗位的要求；二是帮助员工提升技能，以达到更高岗位的要求。素质工程相关工作人员要基于职业素质能力模型，结合岗位现有职工的素质状况，为职工量身定制培训计划，有的放矢地开展培训，努力提高培训的效果，使培训能促进企业提升。职业素质模型主要包括知识培训、技能培训和态度培训等三方面的内容。

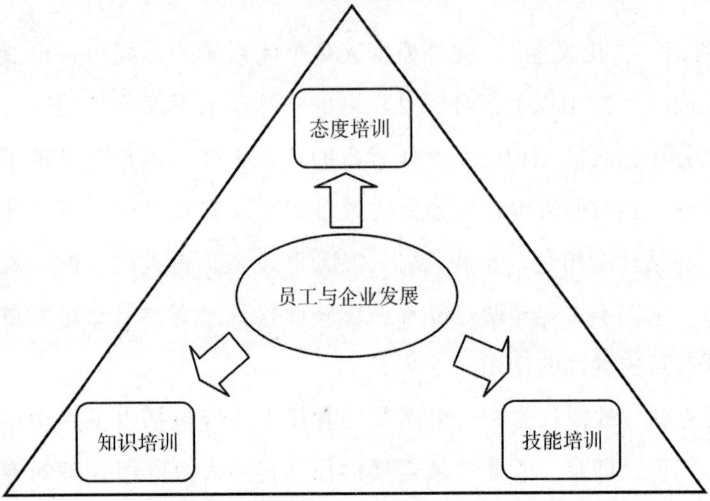

基于职业素质能力模型建立的培训框架

知识培训：通过培训使员工基本具备完成本职工作必须具备的知识；

技能培训：通过培训使员工掌握完成本职工作所必须具备的技能；

态度培训：通过培训建立起员工与企业的相互信任，培养员工的忠诚度、敬业精神和积极、健康、向上的心态。

参考

基于职业素质能力模型开发的员工培训课程体系

课程分类		课程名称
基础课程		公司介绍、主要政策制度、企业文化、现代公司制度、法律常识、演讲与公众表达、学习型组织建设
专业课程	HR 经理	沟通与协调技术、团队领导、授权与分权、创造性思维、人力资源开发与管理
	薪酬主管	薪酬管理、社会保险、沟通与协调技术
	培训主管	人力资源开发、教育培训管理、沟通与协调技术
	……	……
核心能力课程		现代职业员工必备技能训练、如何成为一名合格的白领、创新意识、客户服务、社交礼仪、会议管理、时间管理、团队建设
动态课程		工作压力与心理调适、经济形势解读、行业发展状况解析

四、开展素质工程工作的方法

职工素质工程是一项系统工程，它是企业管理的一项重要内容，也是企业培训工作的重要环节。工会是职工自愿结成的工人阶级的群众组织，其基本职能是维护职工的合法权益。开展素质工程作为工会维护职工受教育权的重要形式，是工会工作的重要组成部分。在开展职工素质建设工程的过程中，工会一方面不能无所作为，不闻不问，不积极主动维护职工的学习发展权。另一方面，工会也不能全部包揽职工素质建设工程工作。职工教育培训的主体是企业，工会不能不切实际地追求主导者的地位，而要扮演好协助者、参与者和推进者的角色，有所为、有所不为。在开展素质工程工作中，工会要注意做好以下几个方面的工作。

（一）参与制定职工培训制度

《劳动合同法》等劳动法律要求，用人单位在制定规章制度时必须遵照相关民主程序。按照《劳动合同法》第四条的规定，用人单位在制定、修改或者决定涉及劳动者切身利益的规章制度或者重大事项时，应当经职工代表大会或者全体职工讨论，提出方案和意见，与工会或者职工代表平等协商确定。工会要利用这一“职权”，督促企业建立系统的、有针对性的、与时俱进的培训体系，为职工参加培训提供机会和平台。同时，在企业制定培训制度的过程中，工会还应发动职工群众，群策群力，共同商讨制定符合企业符合职工需求的培训制度。工会还应充分了解行业特点，组织教育培训专家帮助制定职工教育培训制度，使教育制度尽可能完善，形成包括职工入职培训、在岗培训甚至转岗培训在内的终身培训体系。如果企业没有有关教育培训的相关制度，也拒不制定相关制度，工会可以通过集体协商进行约谈，要求企业将职工培训作为集体合同的内容之一，纳入集体协商的范畴。通过协商写进集体合同的有关职工培训教育的内容，也具有同企业规章制度一样的约束力。

（二）参与构建职工培训体系

工会要充分运用职工培训的相关理论知识，通过不断的沟通协调，推动企业构建学历和非学历教育、正规教育和非正规教育、普通教育与职业教育相结合的培训体系。要参与制定职工培训的课程体系，尤其要关注职工的素养培训课程。通常，大部分企业重视技能培训、岗位知识培训和工作中应知应会能力的培训，而职工素质提升类的培训容易被认为是“无用”，或没有立竿见影的效果而被忽视或放弃。因此，工会要关注企业文化、职业道德、团队精神、职工安全、职工心理健康等培训，将职业道德、职业意识、职业能力、心理健康、职工职业生涯管理等内容统一纳入企业的培训课程体系中，让职工的素养和技能得到同步提升。

（三）营造职工学习培训的良好氛围

在职工素质建设工程工作中，工会要从树立正确的学习理念入手，把眼光对准每一个岗位和每一名职工，大力宣传“岗位干精是人才，一专多能是人才，善于创新是人才”的理念，使企业和职工在学习培训上达成共识。同时，工会要通过报告会、经验交流会等方式，教育职工树立正确的人才观和终身学习的理念，使职工由“要我学”转变为“我要学”。激发职工学习新知识的兴趣，增强职工岗位竞争的危机感、掌握知识技能的紧迫感和参与创新发展的责任感。

作为企业职工教育培训的重要补充，工会要充分发挥自身的优势，组织知识竞赛、岗位练兵、技能大赛等多种方式的学习形式，激发职工的学习兴趣，对于企业培训体系进行有效的补充和完善。工会要对各类竞赛活动中涌现出的优秀员工进行大力的宣传，通过选树典型激发员工活力，促进企业发展。同时，将优秀员工及时推荐到更高的竞赛平台上，让员工争取更高的荣誉，不断激发职工的成就感和成功体验。要对优秀的职工进行必要的奖励和激励，推动企业建立起符合企业特点的职工技术职称晋升路径，设立首席员工、高级技师、技师等一线职工评聘岗位并配备与之相对等的薪酬待遇，让优秀职工更体面，让所有职工有目标有奔头。

（四）整合资源，为职工学习提供保障

资源整合是系统论的思维方式，体现在企业管理方面，就是要通过组织和协调，把企业内部彼此相关但却彼此分离的职能，把企业外部既有共同的使命又拥有独立职能分工和经济利益的合作伙伴整合成一个系统开展服务，充分发挥系统的优势，取得“1 +1 >2”的效果。

工会开展素质工程工作，最大的优势就是资源整合，通过整合企业内外部的职能以及政策、资金、资源等资源，使职工教育培训和职业发展都取得最大效益。在实际工作中，工会可以从以下几个方面着手：一是

整合企业内各相关单位的资源，形成组织合力。通过成立组织机构，使相关的人力资源部、业务部门、党务部门等都成为推动职工学习和发展的力量。二是整合政府资源，积极通过各种渠道，争取人力资源和社会保障部门、教育部门等政策资源，使职工在技能提升、技能鉴定、学历提升上获取便利。三是整合教育资源，整合教育部门和社会办学力量的教师、阵地、管理等优势，借助外力开展职工教育培训。四是整合社会资源，发挥包括社会网络、宣传等资源的优势，使之成为职工培训和发展的助推力量。

资讯

首都职工素质建设工程：多举措打造公益性职工教育培训师资队伍

随着首都职工素质建设工程（以下简称素质工程）的深入推进，每年全市有近7000家会员单位开展不同形式的职工教育培训工作，有近400万职工从中受益。近年来，一方面，全市各级工会组织对高质量、公益性的师资需求日益强烈，对了解基层职工需求、熟悉职工培训方法的师资愈加渴求。另一方面，首都各大科研院所大量的青年教师和骨干教师希望深入企业，渴望走向职工，将自己的知识在社会中分享。为此，首都职工素质建设工程指导委员会办公室（以下简称素质办）通过多方征集，于2008年建立起学科多样、课程体系完善的师资库，经过多年的探索与实践，已搭建起拥有1400余名教师的全市企事业单位共享的师资平台，形成了以“师资征集、师资培养、师资推荐、师资评价”为四大主线的建设与管理机制。

一、开放式广泛征集师资

素质办秉承“多元、开放、尚德、择优”的原则，通过聘请、社会征集、单位推荐、个人自荐等形式多方位吸纳优秀师资，吸纳了包括职业教育领域的专家学者、经验丰富的培训师、各高等院校的教师、劳动模范、技术能手、培训工作站点教师等各类教师资源。教师的专业与课程涉及心理、礼仪、管理、养生等百余个种类。

二、针对性系统培养师资

师资培养以“落实素质工程教学任务”“提高教师面向职工教育的教学能力”为两大基本任务，通过新课程推广会、师资培训会、教师训练营、教师基本功大赛等形式，搭建立体化的培训体系。全年培训围绕一个专题，聘请专业培训专家，综合采用主题讲座、课后研习、线上交流、分组研讨、导师指导、教师讲习、教学比赛等多种形式，全方位促进教师的学习、交流与互动，实现“在学中研、在研中教、以学促研、以赛促研”的“理论+实践+提升”培训模式。每年9月举办的教师教学基本功大赛为教师们搭建了汇报教学成果、交流教学经验、展示教师风采、升华教学理念的平台，近年来愈加引起全市教师与企事业单位工会的广泛关注。

三、共享性免费推荐师资

师资推荐是素质工程提供教育培训服务的重要内容，是发挥素质工程共享服务平台作用的重要体现。现在，北京市各企事业单位工会可通过学习超市网、单位会员服务手册等浏览师资与课程简介，通过互联网、电话等方式进行咨询与预约。素质办设置师资管理专员，旨在做好咨询、推荐、协调、管理等系列工作，保证课程与教师满足企事业单位培训需求，保证教学过程顺利进行。

四、持续化跟踪评价师资

师资评价秉承客观、多元的原则，综合采用现场观摩、调查问卷、回访等形式，多途径了解教师授课情况。其目的在于考评教师的教学态度是否端正，教学方式等是否符合职工学习的需求，找准不同授课风格的教师与授课群体的定位，为授课教师提出教学改进意见，为下一阶段师资培训要点提供依据。

第二章 素质工程的内容体系

所谓内容体系，是指一个相对完整、系统和有机联系的内容框架。素质工程工作内涵丰富，外延宽泛，载体多样，形式创新，要想确保素质工程工作的整体功效，需要工会结合职工队伍的特点和素质工程各项工作要素的实际，构建一个要素完整、结构协调、层次科学的素质工程内容体系。

一、关于职业素质内容体系的研究

关于职业素质的内容体系建设，很多职业教育学专家做过大量的探讨和研究，试图构建一个相对科学和完整的、符合我国就业市场的、具有广泛应用性和可复制性的职业素质内容模型。自20世纪80年代开始，我国很多专家学者就领导者的职业素质模型、高层管理者的职业素质模型、某些技术人员的职业素质模型及中职院校学生的职业素质模型等进行了技术分析和模型建立，有些理论也得到了很好的应用。就通用职业素质模型来说，国外的职业素质模型较为成熟，应用也较为广泛。

（一）麦克利兰的通用素质模型

美国哈佛大学心理学家麦克利兰教授在素质模型的“冰山理论”基础上，对职业素质模型进行了充实和提升，形成了通用的胜任力模型，其中包括6大类20个胜任特征，并且认为一个职业人应当具备这些素质特征。

麦克利兰通用素质模型

序号	分类	素质要素
1	成就与行动族	成就动机；主动性；重视品质和精确；收集信息的意识和能力
2	帮助与服务族	人际交往和理解能力；客户服务意识

续表

序号	分类	素质要素
3	冲击和影响族	影响力；关系建立的能力；组织认知的能力
4	管理族	培养他人的意识和能力；团队合作精神；团队领导能力；命令和果断能力
5	认知族	分析式、概念式思考能力；技术专业知识；管理专业知识
6	个人效能族	自我控制能力；自信心；弹性能力；组织承诺

当前，全球500强的企业中有一半在使用麦克利兰的这一素质模式模型，用以指导企业人力资源的招聘、考核、培训及职业规划等。很多企业也依据这一模式来构建和开发企业培训体系，指导企业员工的职业发展。

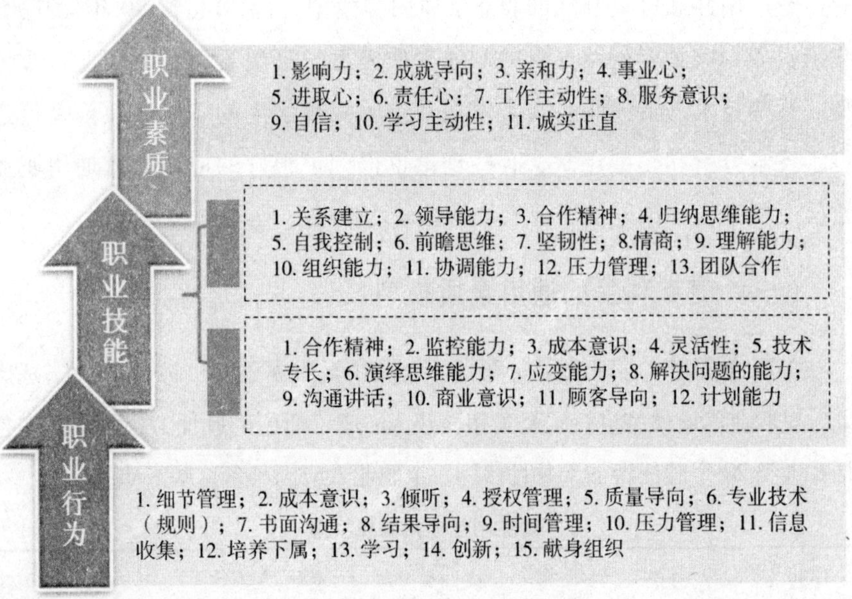

某公司通用素质培训内容体系

（二）美国劳工部的能力素质内容体系

美国劳工部对劳动力市场进行了分析和调查后提出，在当今技术时代，人们从事任何职业都应具有下述五项基本能力和三项基本素质。

1. 五项基本能力

（1）合理利用与支配各类资源的能力。时间——选择有意义的行为，合理分配时间，计划并掌握工作进展；资金——制定经费预算并随时做必要调整；设备——获取、储存与分配利用各种设备；人力——合理分配工作，评估工作表现。

（2）处理人际关系的能力。即能够作为集体的一员参与工作，向别人传授新技术，诚心为顾客服务并使之满意，坚持以理服人并积极提出建议，调整利益以求妥协，能与背景不同的人共事。

（3）获取信息并利用信息的能力。获取信息和评估、分析与传播信息，使用计算机处理信息。

（4）综合与系统分析能力。理解社会体系及技术体系，辨别趋势，能对现行体系提出修改建议或设计替代的新体系。

（5）运用特种技术的能力。选出适用的技术及设备，理解并掌握操作设备的手段、程序；维护设备并处理各种问题，包括计算机设备及相关技术。

2. 三项基本素质

（1）基本技能。阅读能力——会收集、理解书面文件；书写能力——能正确书写书面报告、说明书；倾听能力——正确理解口语信息及暗示；口头表达能力——系统地表达想法；数学运算能力——掌握基本数学运算以解决实际问题。

（2）思维能力。创造性思维，能有新想法；考虑各项因素以作出最佳决定；发现并解决问题；根据符号、图像进行思维分析；学习并掌握新技术；分析事物规律并运用规律解决问题。

（3）个人品质。有责任感，敬业精神；自重，有自信心；有社会责任感，集体责任感；自律，能正确评价自己，有自制力；正直、诚实、遵守社会道德行为准则。

（三）联合国教科文组织：教育的四大支柱

1996 年，联合国教科文组织发布了一份名为《教育——财富蕴藏其中》的报告，认为教育在人和社会的持续发展中起着重要作用。21 世纪，信息的流通、储存及传播日益高速和多样，它对教育提出了双重要求。一方面，教育应大量和有效地传授越来越多、不断发展的知识和技能；另一方面，教育还应该使人们找到判断事物的标准，使人们不会让自己被瞬息万变的大量信息搞得晕头转向，使人们不脱离个人和集体发展的方向。也就是说，教育既要提供一个复杂的、不断变动的世界地图，又要提供一个有助于在这个世界上航行的指南针。教育既要满足人们知识技能数量的需求，又要使人们有能力抓住和利用各种机会，去更新、深化和进一步充实最初获得的知识，使自己不断适应变革的世界。

为此，教育应围绕四种基本学习来开展，并争取成为一个人一生中的知识支柱。

1. 学会认知

学会认知就是让人们掌握更多的认知手段，而不是获得经过分类的系统化知识，要让每个人学会了解他周围的世界，能够发展自己的专业能力，能够交往。为此，首先要使学习者学会注意力的训练。信息的快速和碎片化使人们只注意人和事，而忽略了对过程的关注，因此，要学会深入地关注一件事。其次是记忆力的训练。虽然目前社会上已经有了许多的信息储存工具，也具备快速的传播能力，但记忆力的训练不可缺少。最后是思维能力的训练，要学会使用从具体到抽象，然后再由抽象到具体的思维方式。

2. 学会做事

所谓学会做事，是指教会学习者如何实践他所学的知识。随着科技的进步，技术正在不可避免地改变新的生产过程需要的技能。另外，在生产管理中，很多企业开始推崇“项目小组”的方式，即强化工作中的团队创新和团队工作，不再强调将任务与个人操作结合起来。因此，管理者日益重视能力方面的要求，例如交往能力、与他人共事的能力、管理和解决冲突的能力等在实际工作中越来越重要。要通过使职工学会做事，锻炼其在学会做事过程中的各种能力，促进职工的发展。

3. 学会共同生活

学会共同生活即本着尊重多元性、相互了解及平等价值观的精神，在开展共同项目和学习管理的过程中，增进对他人的了解和对相互依存问题的认识。通过学会共同生活的能力，学习者能够快速适应社会生活，对于其团队协作、团队沟通的能力有较强的提升作用。

4. 学会生存

学会生存是指要教会学习者充分地发展自己的人格，能以不断增强的自主性、判断力和个人责任感来采取行动。为此，教育不应忽视人的任何一种潜力，包括记忆力、推理能力、美感、体力和交往能力等。

面对未来的教育，我们不能只强调获取知识或技能，而是应把教育作为一个整体来加以设计。

二、全国职工素质建设工程的内容体系

（一）素质工程五年规划内容体系的形成

《全国职工素质建设工程五年规划（2010—2014 年）》将职工素质的内容分为六大素质，即思想道德素质、科学文化素质、技术技能素质、民主法治素质、健康安全素质和社会文明素质。新的素质工程五年规划，即《全国职工素质建设工程五年规划（2015—2019 年）》又根据具体情况，将职工素质的内容整合为五大素质，即思想道德素质、科学文化素

质、技术技能素质、民主法治素质和健康安全卫生素质。全国职工素质建设工程内容体系的形成有一个逐步完善的过程。

1. “三大素质”被确立为全面建设小康社会的重要目标之一

2002 年 11 月，党的十六大报告在阐述全面建设小康社会的宏伟目标时，明确提出要“形成全民学习、终身学习的学习型社会，促进人的全面发展”。同时，十六大报告首次提出了“三大素质”，即思想道德素质、科学文化素质和健康素质，并将这三大素质的明显提高确立为全面建设小康社会的重要目标之一。

2. 全国人才工作会议提出三项素质

2003 年 12 月，全国人才工作会议召开，明确提出，“人才资源能力建设是人才培养的核心。树立大教育、大培训观念，在提高全民思想道德素质、科学文化素质和健康素质的基础上，重点培养人的学习能力、实践能力，着力提高人的创新能力”。会议同时指出，“改革教育培训的机制、内容和方法，加大教育培训力度。坚持学习与实践相结合、培养与使用相结合，促进人才在实践中不断增长知识，提升能力。加强爱国主义、集体主义、社会主义教育，树立正确的世界观、人生观、价值观，发扬拼搏奉献精神、艰苦创业精神、团结协作精神和诚实守信精神，促进各类人才的全面发展”。

人才工作会议提出了人的全面发展的总目标，要求在提高全民的思想道德素质、科学文化素质和健康素质的基础上，着力于提高人的学习、实践和创新能力，努力造就数以亿计的高素质劳动者、数以千万计的专门人才和一大批拔尖创新人才，把我国由人口大国转化为人力资源强国。

3. “创争”活动提出四项素质

2003 年 12 月，全总联合九部委发布了《关于开展全国“创建学习型组织，争做知识型职工”活动的实施意见》，文件确定了开展“创争”活动的总体目标是：倡导终身学习理念，提高职工的学习能力和实践能力，着力提高职工的创新能力；营造尊重劳动、尊重知识、尊重人才、尊重创造的社会环境，形成全员学习、全程学习、团队学习和工作学习化、学习工作化的氛围和机制；努力建设各类学习型组织，为职工创造更多的学习机会和成才机会；促进人才队伍建设，为各类人才不断涌现和充分发挥作用奠定坚实基础，努力造就一支有理想、有道德、有文化、有纪律的职工队伍。

“创争”活动以全国人才工作会议的目标为要求，提出了三项能力的目标，即将学习能力、实践能力和创新能力作为“创争”活动的目标之一。同时，《意见》还就优秀学习型组织的评选制定了详细的标准，其中标准之一是职工队伍的思想道德素质、职业文明程度、科学文化素质和技术技能水平得到不断提高。

从这一标准可以看出，只有职工的思想道德素质、职业文明素质、科学文化素质和技术技能素质得到较好培养的组织，才能称得上是学习型组织。

4. 工会“大学校”建设初步形成六项素质

2008年12月，全总第十五届执委会第二次会议通过了《关于充分发挥工会“大学校”作用提高职工队伍整体素质的决议》，阐述了工会发挥“大学校”作用，提高职工队伍整体素质的战略意义。《决议》明确了工会“大学校”建设的总体目标是：全国亿万职工团结奋斗的共同思想基础进一步巩固，推进工会“大学校”建设的体制机制基本形成，尊重劳动、尊重知识、尊重人才、尊重创造的社会氛围更加良好，职工素质建设工程深入推进，职工参与学习教育活动的载体不断创新和丰富，思想道德素质和法律意识明显增强，科学文化素质和职业技术水平显著提高，身心更加健康，社会文明素养更加健全，努力造就一支有理想、有道德、有文化、有纪律的职工队伍。

工会“大学校”建设总体目标涉及思想道德素质、法律意识、科学文化素质、职业技术水平、身心健康、社会文明素养六个方面，基本上构成了职工素质提升的基本框架。

5. “素质工程五年规划” 明确提出六大素质的内容框架

2010年4月，全总下发了《全国职工素质建设工程五年规划（2010—2014年）》，描绘了未来五年全国素质工程的蓝图。规划明确了从六个方面入手，整体提高职工队伍的整体素质。

文件指出，各级工会要求以加快培养和造就一支宏大的高素质职工队伍，作为工会推动加快经济发展方式转变、加快提高自主创新能力的重要切入点，通过全面实施全国职工素质建设工程，使职工队伍理想信念更加坚定，职业道德更加深入，科学知识更加普及，技术人才结构更加合理，职工教育培训机制更加完善，职工文化和企业文化更加繁荣。

“素质工程五年规划”的目标任务如下：

——加强思想道德素质建设。实现对职工的科学理论体系教育、形势政策教育、爱国主义教育、中国工人伟大品格教育、劳模精神教育、职业道德教育、民族团结教育等全覆盖。

——加强科学文化素质建设。通过各类科学文化知识的教育、传播与普及，引导职工树立科学理念，掌握科学知识，运用科学方法，提高科学水平。

——加强技术技能素质建设。围绕经济社会发展和科技进步要求，积极探索产教结合的人才培养模式，满足企业发展对专业技术人才的需求。

——加强民主法治素质建设。倡导和谐理念、培育和谐精神，积极推动基层民主法治建设。

——加强健康安全素质建设。倡导健康安全卫生理念，普及健康安全知识，引导职工提高安全生产与身心健康意识。

——加强社会文明素质建设。实现各类群众性社会主义精神文明创建活动覆盖率达到90%以上。

素质工程“六大素质”这一内容体系具有一定的全面性、实用性和指导性，既关注到作为职业人必须具备的职业精神和职业道德、职业知识和职业技能，又关注到作为社会人所必须具备的健康、法治和社会文明素质。另外，“六大素质”分别与工会的宣传、教育、经济技术、法律、文体等各项工作紧密结合，具有较好的可行性。“六大素质”既关心了职工显性的知识技能水平的提升，又关注了职工隐性的职业态度、职业理想、成就动机等素养，具有一定的全面性。

（二）新五年规划的新内容

2015年，全总下发了《全国职工素质建设工程五年规划（2015—2019年）》，将素质工程的内容整合为五大素质，即思想道德素质、科学文化素质、技术技能素质、民主法治素质、健康安全卫生素质，其具体包括以下内容。

一是加强思想道德素质建设。《规划》提出：通过深入推进职业道德、社会公德、家庭美德和个人品德的建设，从而培育并引导职工践行社会主义核心价值观。要通过各类教育培训活动，增强职工对于中国特色社会主义的道路自信、理论自信、制度自信和价值观自信。在《规划》中，全总还明确表示将每两年表彰一批职工职业道德建设标兵单位和标兵个人。

二是加强科学文化素质建设。当前，全国职工队伍中，还有相当一部分人的学历水平不是很高，知识水平有待提高，而科学文化知识是技能、创新等其他知识提升的基础。因此，《规划》再次将科学文化素养的提升作为一个重要内容，要求各地工会通过各种方式，每年帮助50万名职工提升学历水平。同时，通过职工书屋建设、教育培训阵地建设等途径，激发和引导职工树立科学理念，自觉提升科学文化水平。

三是加强技术技能素质建设。随着“工业4.0”“中国制造2025”等战略的提出，高技能职工技术人才培养作为我国创新型经济发展的重要支撑受到越来越多的关注，因此《规划》同样关注职工技术技能水平的提升，并认为不断加强和提升职工的技术技能水平应主要通过两大渠道进行：一是覆盖范围广泛、针对性强的技能竞赛、岗位练兵等，让企业和职工都重视技能提升，都热衷于提升技能，同时以赛代训，以赛促训。二是提升职工创新工作室的工作质量，全总将命名全国示范性职工创新工作室，同时设立专项基金，支持和鼓励创新工作室，提升职工的技能创新。

四是加强民主法治素质建设。2014 年 10 月，党的第十八届第四中全会首次专题讨论依法治国问题，通过了《中共中央关于全面推进依法治国若干重大问题的决定》。全会同时提出要坚持把全民普法和守法作为依法治国的长期基础性工作，深入开展法治宣传教育。《规划》提到，要推进法治宣传教育下基层、进企业、入班组，做到各类普法宣传教育全覆盖。

五是加强健康安全卫生素质建设。健康安全素质关系着职工的生命权、安全权和健康权，尤其要受到关注。但多年来，通过对职工安全卫生事故的分析发现，大部分的安全卫生事件的发生是由于职工安全意识淡漠、岗位操作规范不到位造成的。因此，对于职工的安全健康教育需要长抓不懈。《规划》提出，要通过各类培训及工会的“安康杯”竞赛等途径来提高职工的健康安全卫生素质。

延伸阅读

素质工程的内容与实施载体

序号	内容要求	实施目标	实施载体
1	加强思想道德素质建设	培育和践行社会主义核心价值观	1. 深化“中国梦·劳动美”教育实践活动，要覆盖全体职工； 2. 深入推进职业道德、社会公德、家庭美德和个人品德建设，全总每两年表彰一批职工职业道德建设标兵单位和个人

续表

序号	内容要求	实施目标	实施载体
2	加强科学文化素质建设	加快职工队伍知识化进程	1. 通过各类科学文化知识的教育、传播与普及，引导职工树立科学理念，提升科学文化素养； 2. 各级工会每年帮助50万名职工提升学历水平； 3. 加强职工教育培训阵地建设，全总每年命名200个全国职工教育优秀示范点，给予重点扶持； 4. 全国职工素质建设工程领导小组每年命名一批职工读书活动先进单位和先进个人； 5. 全总每年继续在各地建1000个职工书屋示范点，带动各地工会每年新建1000个职工书屋
3	加强技术技能素质建设	培养技能型创新型人才	1. 扩大各类技能竞赛、岗位练兵、技能培训的覆盖面； 2. 每年帮助100万职工提升技术等级； 3. 全总每三年命名一批全国示范性劳模创新工作室，授予“全国示范性劳模创新工作室”称号； 4. 设立职工创新专项资金，支持劳模创新工作
4	加强民主法治素质建设	引导广大职工尊法学法守法用法	1. 法治宣传教育下基层、进企业、入班组，各类普法宣传教育全覆盖； 2. 加强职代会、厂务公开、集体合同等民主管理和集体协商知识的普及培训
5	加强健康安全卫生素质建设	促进实现职工安全生产和体面劳动	1. 着力普及健康安全知识； 2. 开展群众性职业安全卫生教育； 3. 开展“安康杯”竞赛活动，覆盖率达到85%以上； 4. 组织职工参加全民健康活动

三、构建各具特色的素质工程内容体系

（一）首都职工素质建设工程

首都职工素质建设工程启动于2004年。2002年，全国总工会发出《关于开展全国“创建学习型组织，争做知识型职工”活动的实施意见》的通知，全国总工会要求各级工会组织充分发挥工会“大学校”作用，关注职工的学习权和职业发展权，不断提升职工的素质。北京市总工会在此精神的引导下，认识到北京要建成“世界城市”，人才建设，尤其是职工队伍整体素质的提升至关重要。为深入落实好这项工作，北京市总工会开展了全市性的大调研，制定了《首都职工素质教育工程的实施方案》。首都职工素质教育工程最早的实施方案只是对全市职工开展通用能力培训的四门课程，即《自我发展与团队管理》《企业运营与发展》《实用文体写作》和《工作安全与职业健康》。首都职工素质教育工程要求各级工会将职工组织起来，借助于区域性的职工大学、开放大学等社会机构，开展职工培训。经过一年多的发展，全市各级工会组织开始意识到了职工培训的重要性，逐步达成了维护职工学习权和职业发展权的共识，并扎实有效地推进此项工作。

2005年，北京市总工会与北京市政府联席会议商讨全市职工素质提升一事，北京市政府认识到当前企业一线职工培训的相对空缺的状态，并认为北京市总工会的这一举措会真真正正地提高职工的素质，于是政府联席会议决定将首都职工素质教育工程纳入全市成人教育整体规划，列入教育部门的年度预算予以保障。自此，首都职工素质教育工程得到了稳步发展。

2010年，《全国职工素质建设工程五年规划（2010—2014年）》发布，首都职工素质教育工程也随之更名为首都职工素质建设工程，而且开始系统地研究和设计职工素质建设工程的内容体系。同年，北京市总

工会推出《北京市总工会关于推进首都职工素质建设工程的实施方案》，并于2011年发布了《首都职工素质建设工程五年规划（2011—2015年）》。这一规划在调研的基础上，将首都职工素质建设工程的内容体系确定为三大体系，并在此基础上设计和研发出若干的职工教育和培训项目，借助各级工会组织的组织动员能力和遍布全市的公共教育培训机构的专业教学能力，全面开展全市的职工素质提升工作。自2011年开始，北京市每年有不少于400万人次的职工参加培训与学习。

（二）上海市职工素质建设工程

上海工会在建设国际化大都市的历史进程中，创造性地提出并实施了声势浩大的职工素质建设工程，极具时代意义和创新精神。把职工教育培训工作上升到“工程”的高度，是一种历史眼光和战略选择，是对上海建设国际化大都市战略定位的把握，也是对工会突出维护职能的把握，能够有效促进上海市职工素质提升，维护职工学习权和职业发展权。

职工素质工程作为上海工会实施的一项着眼于人的全面发展的战略任务，通过在职工素质工程中不断注入科技含量，提升上海职工的科技素质，提高广大职工在生产中的持续创新力和核心技术掌握的应用能力，成为推进职工素质水平的重要内容。

面对上海实现“四个中心”的历史要求，面对上海迈向国际化大都市的战略定位，其素质工程的基本思路是：以提高职工的思想道德法律素养、科学文化知识、职业技能水平、创造性思维和市场竞争能力为重点，不断提高教育培训质量，提升职工新技能、新职业开发水平。切实帮助职工创造学习条件，鼓励自学成才；提高学习能力，确立终身学习观念，引导广大职工走向全面发展。

上海市职工素质工程的功能是：树立起以增强职工历史使命感为核心的理想信念支柱；以提高职工的适应能力、竞争能力和发展能力为主要内涵的职业技能支柱；以塑造职工职业精神为主要内容的职业道德支柱。三大支柱构建起上海职工的“素质大厦”。上海市职工素质建设工程的具体举措包括三方面的内容。

以“强化职能，完善机制，拓展领域，活跃基层”为主旨构建经济技术创新平台，引导广大职工在生产工作中广泛开展以“双争双智”为主要内容的技术创新、技术攻关、劳动竞赛、合理化建议等活动。职工的合理化建议创造了巨大的经济效益，广大职工的智慧和力量在建设国际化大都市的伟大实践中充分涌流和竞相迸发，产生了巨大的社会效应。

开展多层次的技术技能培训，各类培训活动竞相举办，职工参加培训的积极性和自觉性空前高涨。通过参加各种类型的培训活动，使广大职工充分认识到，参加培训是提升素质的重要途径，是参与市场竞争的先决条件，是建设国际化大都市的重要通道；提升知识就是提升自我。培训具有层次性，上海市工会在开展素质工程过程中，十分注意培训教育活动的针对性，对新兴产业职工主要开展新知识、新科技的培训；对传统产业职工，主要实施提高型的培训；对下岗职工则主要施以适应性的培训，迅速提高他们的生存能力、择业能力和竞争能力。

菜单式推进素质工程工作平台建设，为各层面职工提供了各自的发展空间。通过调研，充分征集广大职工的意见，上海市先后出台了《上海职工职业道德教育纲要》《上海工会创建“学习型企业、学习型班组”推进计划》《上海职工体育健身推进计划》《工商管理者资格培训及开放式（免试）大专学历教育实施计划》《上海职工教育保障推进计划》《上海工会系统文化宫、俱乐部、体育场作为职工素质工程基地的发展建议（纲要）》等文件，这些文件内容各异，层次不同，使职工素质工程的内容更加充实，形式更加多样。通过建设菜单式素质工程工作平台，工会可以为职工提供层次化的素质工程服务，整合各方资源提升素质工程服务质量。

（三）构建各具特色的素质工程内容体系

当前，党和国家高度重视职工素质建设工程，全国总工会在《全国职工素质建设工程五年规划（2015—2019 年）》中也指出，全总将每年命名200个全国职工教育培训示范点，以此激励各地加强素质建设。经过努力，各地已初步形成了合力推进职工素质建设工程的领导体系，各级工会认真分析本区域的职工队伍特点和职工学习需求，以职工的思想道德、科学文化、技术技能、民主法治和健康安全五大素质提升为纲，建立了各具特色的素质工程内容体系。

山西省总工会构建职工教育培训的立体化网络。通过加强校企合作、工学结合，注重全省职工的学历提升、技能提升和就业创业素质提升。通过开展全省职工本（专）科学历提升活动，加强与省教育厅的联系，争取政策支持，为职工提供更有利的报考程序、给予一定的学费支持等，2011年，参加学历提升的职工由6万人增加到12万人。推动职工（劳模）创新工作室、传统工艺（手艺）大师创新工作室集群化发展，发挥创新工作室在提升职工技能、推进技术创新中的带动作用。加大创业就业的服务力度。在城镇下岗职工、再就业职工、农民工中开展“百姓创家业”活动，在国有企业管理人员及职工、非公企业业主及职工中开展“能人创企业”活动，推动落实职工创业扶持政策。

广州市总工会早在1996年就制定了《广州市实施职工“六学”素质达标五年规划（1996—2000）》，在全市开展以“六学”即学理论、学文化、学科学、学技术、学管理、学法律为内容的职工素质达标活动，实现素质达标，全方位提高职工的素质。

近年来，广州市的劳工大学堂成为开展素质工程的重要平台。市总在全市设立了8个教学点，开设1400多门课程，既有技能方面的，也有素质方面的，涉及文学艺术、书法、化妆、心理学、股票、养生等，其最大的特点是将满足职工、农民工学习的需要放在第一位。通过在网上发通知，在职工、农民工聚集点贴通知，为大家报名提供方便。当前，劳工大学堂已成为广东最大的职工免费教育基地，也成为深受广大职工、农民工欢迎的大学校，2015年，职工学习超过了10万人次。

四川省总工会则充分发挥各级职工技协组织的作用，掀起“大培训、大练兵、大比武”的热潮。组织全省职工开展职业技能3个“两百万”

行动，即200万职工技术培训，200万职工技术练兵，200万职工技能比赛。2013年全省企业开展群众性经济技术创新活动达89%以上，参与职工达600万人（次）以上。

浙江省总工会以文化建设为抓手，注重提高职工的思想道德素养，通过“六送”活动，送电影、送演出、送书报、送培训、送广播、送健康，宣传了社会主义核心价值观，弘扬了劳模精神，同时丰富了职工的精神文化生活。

此外，黑龙江省、河北省、陕西省、青海省、宁夏回族自治区等地工会都积极争取党委、政府的支持，开展了各具特色的、内容丰富的职工教育培训活动。

一些产业工会及企业工会更是紧贴企业发展和职工发展的实际需要，通过素质工程搭建职工成长和成才的平台。

上海市机电工会把学习李斌，弘扬劳模精神作为培养高技能人才队伍的重要举措，按照“树立一个，培养一群，带动一批，造就一代”的工作思路，打造了“5+1”为主要内容的工作平台，即上海电气李斌技师学院——技能提升平台；“李斌杯”大赛——技能竞赛平台；评选“李斌式职工”——人才激励平台；李斌论坛——探索交流平台；李斌工作室——首席技师平台。同时开创了“3+3+3”这一个职工培训新模式，即考察选拔基础好、素质高、优秀的有3年工作经历的技术工人进行培养；给予3年半工半读的学习机会，培养其成为高级工；再用3年时间深造，培养其成为技师、高级技师。

北汽福田汽车公司通过“以职工素质建设为基础，以职业技能鉴定为手段，以技能大赛为舞台，以学分银行计划为引领，以一线管理者能力提升为核心”的推动模式，强力挂靠技能人才队伍，逐步建立起一支素质过硬、结构合理、后备充足，与公司的产品开发、生产经营和市场竞争相适应的一流技能人才群体。通过建立和完善培训机制，推进职工教育培训的制度化、规范化和长效化。强化岗位练兵，搭建竞赛平台，实施学分银行计划，推动职工素质教育向纵深发展。

链接

首都职工素质建设工程的内容体系

体系	体系内容	项目	项目内容及实施
职工素质教育体系	着力于提升职工的职业道德、综合素养和学历等知识化水平	公益大讲堂	就社会主义核心价值观、形势政策、职业道德等举办专题讲座
		职工心理咨询与培训	针对职工的心理健康问题、心理焦虑、心理压力等开展培训，并有针对性地提供咨询服务
		通用能力课程培训	素质工程指导委员会办公室在需求调研的基础上开发了30门通用能力培训课程，并提供规范化的教材、教学大纲、师资服务等，代基层单位按需求选学，所学课程可与北京市电大等学历教育替换学分
		青年职工拓展训练	针对企事业单位的青年职工，以拓展训练的方式开展培训。要求必须进行不少于8课时的核心价值观、团队训练等培训，并为强化学习内容开展拓展训练

续表

体系	体系内容	项目	项目内容及实施
职工素质教育体系	着力于提升职工的职业道德、综合素养和学历等知识化水平	首都农民工大学生助推计划	对企事业单位的骨干和核心员工提供大专学历教育，学费由市总工会与企业或职工共同分担
		学分银行项目	该模式为校企深度合作的职工培训模式。培训专业及课程设置由北京市总工会职工大学与企业共同调研确定，同时，企业实践培训课程可当量替换学分，累计学分取得大专学历
技能人才培养体系	着力于提升职工的技术技能水平	首都在职职工职业发展助推计划	鼓励在职职工提升技能水平，凡取得技师和高级技师职业资格的职工可获得市总工会的资助
		首都技术工人职业培训项目	
		岗位练兵活动	通过岗位练兵、技能大赛等模式提升职工学技能的热情，不断提升职工的技能水平
创新成果应用体系	着力于提升职工的创新意识、创新能力和创新成果的转化	职工创新工作室创建	北京市总工会与北京市科协共同评审并认定市级职工创新工作室，并给予挂牌，激励职工的创新意识和能力
		科学家（专家）走进职工创新工作室	对有实质研究项目的职工创新工作室，联系科学家（专家）定期走进职工创新工作室，开展培训及技术攻关与研发，并促成研发成果的转化，搭建产学研相结合的平台

第四章 加强职工思想道德素质建设

职工的思想道德素质关乎职工有什么样的立场和态度，持有什么样的价值观、人生观和世界观，而基本的价值观和立场决定了职工如何对待工作，如何对待职业，如何对待发展，如何对待集体，如何对待企业，甚至如何对待国家。职工的思想道德素质是职工的“软素质”，这一“软素质”的作用有时甚于知识、技能等“硬素质”，“硬素质”是基础，而“软素质”则是动力。有能力有基础，但没有发挥能力的动力或正确的方向，“硬素质”不仅起不到积极作用甚至还会起到反作用。因此，加强职工的思想道德素质建设是提升职工整体素质的最基本、最重要、最紧迫，也最有难度的一项工作。

一、什么是职工思想道德素质建设

（一）思想道德的概念

思想道德包括思想和道德两个方面。思想是指人们认识客观事物的心理过程、心理表现，人们对万事万物进行思考后所得到的成果即为思想。也就是说，思想是人脑对于客观世界的反映，其产生依赖于客观世界，又反作用于客观世界，思想的产生离不开周遭环境，而一旦产生了，则又通过人反映于客观世界。正如毛泽东在《人的正确思想是从哪里来的》一文中指出：人们在社会实践中对客观事物的认识，开始是感性认识，这种感性认识的材料积累多了，就会产生一个飞跃，变成了理性认识，这就是思想。

道德则是指个人行为处事的依据和修身养性所达到的境界，是一个社会中调整人与人之间以及个人与社会之间关系的行为规范的总和。道德的产生是调节社会关系的需要，在人们从事物质生产的过程中，必然会产生个人与集体、个人与社会、个人与个人之间在利益上的矛盾和冲突，为解决这些矛盾和冲突，调节社会关系，人们便在人与人之间的交往中逐步形成了许多关于“应当”和“不应当”的规则，这些规则成为一种特殊的意识形态，即是道德。

（二）职工思想状况的新特点

在人的整体素质中，思想道德素质起着决定性和主导性作用。爱因斯坦曾经说过：用专业知识教育人是不够的。通过专业教育，他可以成为一种有用的机器，但是不能成为一个和谐发展的人。要使学生对价值有所理解并且产生热烈的感情，那是最基本的。他必须获得对美和道德上的鲜明辨别力，否则，他——连同他的专业知识——就更像一只受过很好训练的狗，而不像一个和谐发展的人①。

当前，职工思想道德素质建设显得尤为迫切，因为职工队伍的思想状况呈现出了一些新的特点。

1. 思想呈现多元化

随着经济全球化的深入推进以及信息技术的飞速发展，人们能够便捷迅速地接收大量带有不同价值取向的信息。加之新生代职工具有不同的成长环境和教育经历，他们既受父辈传统价值观的熏陶，又受西方理论影响，在认同基本价值观的同时，呈现出思想多元化的发展方向，在不否定主流价值观的同时，可以容纳不同的价值标准与追求。新生代职工思想开放包容，不排斥其他思想，同一个人同一时期可能兼容多种观念，这一方面展现了其开放包容的一面；另一方面也表现为对核心价值观没有十分的笃信，甚至在众多思想中，取有用者为我所用，整体的核心价值观认同趋势淡化。例如，我们曾提倡忠诚于企业这一职业价值观，过去的老职工曾怀有“生是企业人，死是企业鬼”的信念，但新生代职工一方面认同敬业忠诚的价值观，另一方面认同和接收通过不断的跳槽

① 爱因斯坦，《培养独立思考的教育》，载于《大学活页文库》第1辑，华中师范大学出版社，1998年8月。

积累经验、增加筹码这一理念。价值观的多元化虽是历史的进步，但也凸显了价值观教育和引导的迫切性和重要性，如果没有及时地引导和教育，那么被大多数人认同的主流价值观就有可能被冲击、曲解、稀释或削弱，甚至导致价值观的巨大冲突，而价值观的差异和冲突必然导致行为的巨大差异和冲突，各怀意念、各持主张、各行其是，凝聚力与向心力自然无从谈起，甚至可能带来社会的动荡和分化。

企业的生产经营无不如此。一个企业要有自己极力倡导的主流价值观和企业文化，以此统一职工的思想和行为，凝聚职工，增强职工对于企业的归属感，并激发职工工作的积极性和主动性，为企业的发展贡献力量。在价值观多元化的时代，如若不重视职工的思想道德教育与引导，而任由每个职工各自行事，企业发展长期缺乏合力，必然缺乏持续发展的动力。

2. 自我意识强烈

当前，职工队伍中自我意识强烈的思想倾向日益明显，也就是说，一些职工更多地站在自己的立场和角度去思考和行事，而越来越少地考虑他人和集体的需要与感受。出现这种情况的原因一方面是因为新生代职工大多为独生子女，从小以自我为中心的成长环境和成长经历，决定了其思维模式和行为方式是更多地考虑自己的需要。另一方面，是受西方个人主义思潮的影响，新生代职工强调个人权利、个人本位和自我价值的实现。尤其是改革开放以来，随着社会主义市场经济的建立，受逐利思维、优胜劣汰思维等的影响，很多职工更看重自我的价值体现和竞争胜出，而较少地去考虑自己与他人、与集体、与社会的相互配合和融合发展。个人主义思想的积极面表现为激励个人能动性和个人创新性，但若发展得极端，则有可能表现为极端自私甚至是不择手段。

3. 心理易出现矛盾和纠结

新媒体出现后，信息传播的渠道和速度都极大地影响着职工的思想和心理。拜金主义、贪污腐败等社会不良现象的出现，医疗、就学、购房困难等现实都动摇了职工的理想信念和价值观，使得一些职工对企业、对组织甚至对社会失去了信心，心理极易出现矛盾和纠结，这种情况对职工的思想道德教育提出了极大的挑战。职工的这种纠结心理非常需要给予理解、关心和正确的引导。如果职工能处理好心理问题，以正确的心态对待工作、生活和事业，那么，职工会积极地成为工作中的栋梁；如若没有得到正确的引导、教育和启发，则可能会成为不和谐的因素。

当今，职工面临的纠结还很多，希望工作既轻松又挣钱多，单位既离家近又福利好，工作安排既自由又有好的发展，各种奢望带来了各种纠结。这些纠结增多的原因归结于价值观的不确定。同时，有的企业在日常对职工的关心不够，没有注意到职工心理上出现的问题，放任职工自己处理自己的心理问题，导致职工最终能想明白的，就改变和调整价值观，安心努力工作；想不明白、调整不过来的，可能就会出现各种不好的结果。因此，职工的思想道德教育要像及时雨一样，面对有心理矛盾的职工，尤其是刚进入职场的青年职工，及时做好思想引导和思想工作，帮助他们树立正确的价值观和心态。

知识链接

职工信仰缺乏，理想淡漠①

中国职工的价值观从注重集体到转身强调个体，从注重履行义务到转向重视实现权益，变得开始缺乏信仰和理想。对比全总历次全国职工队伍状况的调查可看出，伴随经济的发展和改革的深入，职工思想从注重实现理想转向追求现实利益，从注重履行义务转向重视实现权益，从注重集体转向强调个体，同时职工对理想的回答越来越分化，职工思想越来越现实、理想淡漠，并导致职工的理想信仰日益多元化。

---

① 内容来自于苏林森，《当前我国职工舆情的问题与应对——基于两次全国职工状况调查的分析》，《北京市工会干部学院学报》，2011 年 9 月。

1982—2007 年历次全国职工队伍状况调查中的职工理想

理想 \ 年份	1982	1986	1992	1997	2007
第一理想	实现共产主义（30.9%）	为国家和社会做贡献（33.9%）	个人生活理想（47.4%）	幸福家庭（29.4%）	稳定工作（30%）
第二理想	实现四个现代化（23%）	共产主义理想（24.1%）	为国家和社会做贡献（29.1%）	国家繁荣富强（26.6%）	能有较高的收入(20.9%)
第三理想	使祖国强大（26.5%）	个人生活理想（21.9%）	共产主义理想（13.2%）	实现共产主义（14%）	安定舒适的生活（13%）
第四理想	使本厂有名气（27.9%）	个人成就理想（19.6%）	个人成就理想（9.5%）	赚更多的钱（4.9%）	为社会做贡献（10.7%）

注：括号内百分比为回答“您最大的理想是什么”的比例，其中 2002 年第五次职工调查数据空缺。

二、职工思想道德素质建设的内容

职工思想道德素质建设说起来重要，可做起来又似乎虚无缥缈，找不到好的抓手，做实较难。出现这种情况的原因之一是，工作人员对职工思想道德素质的内容没有清晰的理解和把握。在内容厘清的基础上，工作人员要根据本企业及职工需求和特点，有针对性、有选择性、有重点性地开展职工思想道德素质建设，努力提高相关工作的有效性。

职工思想道德素质建设的内容到底有哪些，其范围包括哪些方面？关于这个问题，学者有不同的研究和观点，罗列的内容有共同的地方，也有不同的地方。但加强思想道德修养，促进人的全面发展是目标，这一点是达成共识的。在研究职工思想道德素质建设的内容时，我们将本着全面性和规范性的原则，试图将职工思想道德素质建设所涉及的各项内容都尽量地阐述出来，以便各级工会组织依据自身特点来加以选择和参考。基于此，我们将职工思想道德素质建设的内容确定为三个方面，即“三观”教育、政治观教育和道德观的教育。

（一）职工的“三观”教育

所谓职工的“三观”教育，是指对于职工的世界观、人生观和价值观的引导与教育。

1.“三观”的内容

世界观是人们对世界的总的、根本的看法，是人们对世界本质、人与周围世界的关系、人在世界中的地位和生存价值等一系列观点的总和。世界观有唯物主义世界观和唯心主义世界观两种，两种不同的世界观是两种不同的思维方式和方法，世界观不同，人生观和价值观就不同。因此，有人说世界观是人的“总开关”。

人生观是指人们对人生的根本态度和看法，包括对人生价值和理想、人生目的和人生意义的基本看法和态度。人生观的基本内容包括幸福观、成败观、苦乐观、荣辱观、金钱观、生死观、友谊观、道德观、审美观、公私观、恋爱观等。

价值观是指做事的一个基本准则，这个准则决定有哪些事该做而有哪些事不该做，是做和不做的界限，也就是一个人关于是非曲直、善恶美丑的取向和选择。价值观是人们做事的内部动力，它决定了一个人做一件事情的认识程度和努力程度。如果一个人的价值观是权力至上的，那么追逐权力就是这个人做事的核心动力；如果具有金钱至上的价值观，那么一切向钱看则是这个人做事的标准和动力源泉；如果具有劳动创造和成就人生的价值观，那么不断追求自身技能提升则是其奋斗的动力；如果具有个人安逸的价值观，那么可能其生活则缺乏动力。

2.“三观”教育的重要性

人的“三观”是在社会化的生活工作中逐渐培养和发展起来的，职工的“三观”教育非常重要。

（1）新入职职工的“三观”教育需要引起足够的重视。职工入职前通常只接受过理论学习，面对即将走上工作岗位这一身份和状态的重要转变，许多职工，多少都抱有一定的期望，精神也很兴奋，幻想着在工作岗位上大展宏图，施展才华，事业一帆风顺；而立之年事业有成，买车买房；不惑之年身居要职，呼风唤雨；知天命时，尽情指挥，坐享成就，未来是美好的，前途是光明的。

可是等到入职后，新入职的职工发现自己做的都是一些烦琐细碎的小事，每天只给别人打下手，根本没有表现自己才华的机会。一段时间后，一些新入职职工便可能觉得日常事务性的工作望不到头，挣到的钱也极其有限，离买车买房还差得很远，精神开始迷惘，理想开始淡漠，信念开始动摇，开始怀疑现实、怀疑自己、怀疑未来。

这个时候，如果没有及时的“三观”教育，使新入职职工正确地看待工作与奋斗，可能就会有一些新入职职工失去努力奋斗的激情，甚至出现跳槽的现象，极端时，还会出现抑郁甚至自杀的情况。

（2）在职职工的“三观”教育也要引起重视。这些职工主要是受社会大环境的影响比较大。尤其是在如今的信息社会，信息技术高度发达，一些社会现象传播比较快，如若没有得到正确的引导和解释，势必会影响职工的理想信念。例如，腐败问题、社会政策与自身当前利益不甚吻合、企业改革措施殃及职工切身利益、企业分配等政策出现不公等，这些现象的发生如若不能正确及时地对职工进行讲解，则很容易引导职工心中的不平，使职工产生消极的世界观、人生观和价值观。

（二）职工的政治观教育

所谓政治观教育，就是通过教育，使职工了解自己所处的时代环境，党和国家的路线、方针、政策以及与此相适应的企业发展战略与策略。要提升职工的认识高度，拓宽职工的眼界视野，培育职工从大局思考问题的思维方式，理解国家、企业与个人发展的关系。职工的政治观教育包括以下内容。

1. 基本国情教育

毛泽东同志说："认清中国的国情，乃是认清一切革命问题的基本的依据。"当前，只有帮助职工认清国家的基本国情，才能教育职工更好地理解党和国家的方针、政策。任何一个企业的发展都离不开国家发展的大环境，因此，加强国情教育能够帮助职工更好地理解企业发展的环境、战略和各项举措，以获得职工的理解和认同，凝聚职工的发展信念。国情教育要放在整个世界环境的大背景下进行，要帮助职工系统地了解我国经济、政治、军事、外交以及社会、文化、人口、资源等方面的历史与现状，了解我国现代化建设的目标、步骤和宏伟前景，并从中国和世界其他不同类型国家的对比中，看到我国的优势和差距、有利条件和不利因素，增强广大职工的使命感和社会责任感，更好地发扬广大职工艰苦奋斗、勤俭节约的创业精神。需要注意的是，国情教育要同省情、市情、县情的教育结合进行。

2. 形势政策教育

形势是一定历史时期内社会发展的状况和态势，政策是党和国家为实现一定时期的路线和任务而制定的行动准则。要对职工进行形势政策教育，帮助职工理解当前国际国内的发展形势，从而理解企业发展的大环境，理解企业发展的紧迫性，理解企业发展的走向，开阔职工的视野，矫正职工的认识偏差，将职工的思想认识统一到正确的方向上来，凝聚职工的意志，为企业和国家的发展贡献力量。

3. 爱国主义教育

中华民族是富有爱国主义光荣传统的伟大民族。爱国主义是动员和鼓舞中国人民团结奋斗的一面旗帜，是推动我国社会发展前进的巨大力量，是各族人民共同的精神支柱。现在，我国人民在建设有中国特色社会主义理论和党的基本路线指引下，大力发展社会主义市场经济，努力建设富强、民主、文明的社会主义现代化国家。在新的历史条件下，继承和发扬爱国主义传统，对于振奋民族精神，凝聚全民族力量，团结全国各族人民，自力更生，艰苦创业，为中华民族的振兴而奋斗，具有十分重要的现实意义。

（三）职工的道德观教育

对职工开展道德观的教育主要包括以下三个层面。

1. 职业道德教育

当前，越来越多的企业逐渐认识到，职工的知识、能力、技能固然很重要，但良好的职业道德更为重要。微软研究院的用人标准除了扎实的基础和专业知识，足够的创造力、工作热情、团队精神外，还尤其看重人才的职业道德。

职业道德是所有从业人员在职业活动中应该遵守的基本行为准则，是社会道德的重要组成部分，是社会道德在职业活动中的具体表现，是一种具体化、职业化、个性化的社会道德。要通过职业道德教育让每一位职工都意识到每一项职业都是神圣的，每个从业人员，不论是从事哪种职业，在职业活动中都要遵守道德。如教师要遵守教书育人、为人师表的职业道德，医生要遵守救死扶伤的职业道德等。

工会开展职业道德教育要注意以下三个方面。

（1）职业道德教育要与职业岗位紧密结合。职业道德要求的是职业义务、职业责任和职业行为上的道德准则，而不是一般意义上的道德要求，它必须是职业、行业或者产业特有的道德心理和行为规范，因此，职业道德教育不能脱离行为规范，不能就道德谈道德，而要与企业制度、职业岗位要求紧密结合，让职工既知道是什么，更知道怎么做。

（2）职业道德教育要实现内容规范化与形式多样化相结合。不同职业、不同岗位的职业道德要求各不相同，而且相同岗位在不同企业的职业道德要求有时也不尽相同，因为职业道德往往还与企业文化紧密联系。但在一个企业中，职业道德规范往往是固化和规范化的。企业中职业道德内容的规范化往往需要多样化的教育培训形式来呈现，来传播，来深化。例如，很多企业通过入职知识培训、知识竞赛、标语口号、职工微电影、职工文艺作品等多种方式来加强职业道德教育的培训效果。

（3）职业道德教育要注重对内与对外相结合。职业道德一方面是用来调节从业人员的内部关系，加强职工的职业修养和职业规范，提升职工的工作效率和质量。另一方面，职业道德也是对外调节职工与服务对象的关系，从而塑造良好的企业运行环境，满足企业的需要。因此，加强职工的职业道德教育，还要站在企业、行业甚至社会的层面与高度上来进行，让职工认识到自己的良好的职业道德素质为社会带来的意义，从而提升职工的职业荣誉感、自豪感和成就感。

2. 社会公德教育

社会公德是每一个社会公民应该遵守的文明道德准则，作为社会成员之一的职工，也应遵守公共的社会道德。根据中共中央印发的《公民道德实施纲要》，社会公德包括文明礼貌、助人为乐、爱护公物、保护环境、遵纪守法五个方面的内容。

（1）文明礼貌。文明礼貌体现着民族的整体素质，也反映着个人的道德修养，是建立和谐人际关系的基础，也是树立良好对外形象的具体体现。

对职工进行文明礼貌或礼仪的培训应尽量避免宽泛的、概念化的培训，而要结合行业、企业和岗位的特点和要求来开展。通常，企业规章制度或员工手册中会有关于礼仪礼节方面的要求，培训时要结合这些内容开展具体的培训工作，提升培训的针对性。尤其是服务行业，需要结合行业的特点和要求，开展内容丰富的培训计划。在培训方式上，则提倡互动式、训练式的培训，边培训边操作。培训后，职工可以很快运用到岗位工作中。

（2）助人为乐。助人为乐就是以帮助他人为快乐。在身边的人遇到困难，需要帮助时，很乐意地去帮助他人渡过难关。助人为乐也是社会主义核心价值观的要求。

很多企业在开展助人为乐的培训时，总是与企业文化中提倡的理念和精神相结合；或者是与团队合作精神、感恩文化等结合起来进行培训，使这一培训最终落到实处。

（3）爱护公物。爱护和保护公共财物是社会公德的基本要求，是每个公民应该承担的社会责任和义务，同时也是公共生活能有序运行的基本保证。只有每个人都爱护公共财物，才能保证人们能享受到公共财物的红利和便利。

对员工进行爱护公物的培训通常要注意两个方面：一是培训应该结合企业的具体的规章制度来进行。企业要不断完善关于保护公共物品的规定，同时，要通过培训，使每个人都知道该怎么做，什么样的行为才是爱护公物的行为，而有哪些行为是不可以做的。二是要注意对社会公共物品的爱护，企业也有责任对员工进行教育与培训。

（4）保护环境。关于保护环境的教育，也就是要对员工进行环保理念和要求的培训，这方面培训很重要。随着我国经济发展进入新常态，国民经济发展“十三五”规划明确提出了创新、协调、绿色、开放和共享的发展理念。也就是说，未来的企业发展要走创新驱动发展的战略，要通过理念、科技创新改变企业发展模式，走绿色发展道路。

因此，针对企业环保意识和要求的培训是建立在企业转型发展的基础上，同时，这一转型理念还要让职工理解、认同和支持。要发动职工投入到低能耗高环保的发展模式中来，开发职工的创新智慧，促进职工参与企业经济的转型。

（5）遵纪守法。在依法治国的今天，遵纪守法是每个公民的基本道德要求。要通过培训，使职工既遵守国家法律、法规，也遵守公共场所的规定，还遵守单位的行为规范和各项制度。只有每个人都照章行事，企业才能高效有序地运行。

3. 家庭美德教育

所谓家庭美德教育，是指人们在家庭生活中调整家庭成员间关系，处理家庭问题时所遵循的道德规范。当前，对职工进行家庭美德教育培训也很重要，各级工会也纷纷采取了许多有针对性的措施。例如，北京市职工服务中心职工心理咨询平台常年接受职工的线上咨询。经过调查和分析发现，当前给职工带来很大心理压力的一个重要方面是婚姻家庭矛盾，包括夫妻关系、婆媳关系、亲子关系的处理等。而如果职工的家庭关系处理不好，会导致职工心理压力较大，必然影响到工作。在一些受心理影响较大的岗位工作的职工，例如司机、医生、建筑工人等，只有确保心理平静愉悦，才能保证工作安全和有效。

快速阅读

思想道德素质建设的内容与要求

序号	内容	工作要求
1	“三观”教育	(1) 世界观教育，教育职工正确看待自我与周围世界的关系、人在世界中的地位及生存价值等； (2) 人生观教育，使职工正确看待人生价值和理想、人生目的及人生意义等； (3) 价值观教育，告诉职工是非曲直及善恶美丑等价值取向和选择，即做事的基本准则，明确哪些该做而哪些不该做
2	政治观教育	(1) 基本国情教育，帮助职工认清基本国情，更好地理解党和国家的方针政策； (2) 形势政策教育，帮助职工理解国际国内发展的形势，理解企业发展面临的环境； (3) 爱国主义教育，激发职工爱国爱企爱家的情怀
3	道德观教育	(1) 职业道德教育，是最重要的内容，使职工明确在职场中应该遵循的道德规范； (2) 社会公德教育，作为社会成员之一的职工，也应遵守公共的社会道德； (3) 家庭美德教育，正确处理家庭成员间的关系，家庭幸福是职业发展的保障

三、职工思想道德素质建设的途径与方法

工会开展职工素质建设工程，推动职工思想道德素质建设，要结合工会的工作特点和优势来进行。综合分析各地各级工会开展职工思想道德素

质建设的方式方法，我们列出如下几种好的途径与载体。

（一）职工思想道德素质建设的途径

1. 职工大讲堂

以职工思想道德素质建设为目标，以社会主义核心价值观、劳模精神、形势政策等为内容的职工大讲堂是近年来各级工会组织开展得较为普遍的职工教育培训形式。这种方式主题鲜明、内容前沿、形式灵活，时间紧凑、易于组织，受到职工和各级工会组织的青睐，效果很不错。很多企业工会在开展需求调查的基础上，定期性持续性地组织开展内容贴近企业职工需求的职工大讲堂活动，坚持一段时间后，职工在潜移默化中会受到很好的熏陶和教育。

2. 职工主题活动

职工主题活动是指工会组织根据社会形势背景、企业发展特点及职工需求，策划的具有鲜明主题的、形式灵活的职工参与性活动。主题活动一般有几个特点：一是主题要积极鲜明，整个活动的设计要符合主题要求。随着职工队伍日益年轻化，青年职工思维活跃，视野开放，因此，主题活动的设计在保持正能量的同时，要符合时代特色和青年职工的语境，否则，职工主题活动就可能会遭受青年职工的排斥。二是形式灵活多样。主题活动的形式应灵活多样，要根据职工的特点，挖掘职工的潜能，使职工主题活动尽可能新颖，具有新意，使得活动具有吸引力。三是职工参与性强。主题活动的主体应该是广大职工，因此，应通过多种方法增强职工的参与热情和积极性，扩大主题活动的影响力。近些年来，根据“中国梦·劳动美”的主题精神，各级工会组织开展了形式多样的主题活动，积极宣传劳模精神和职业道德，增强职工的职业自豪感。例如，工会可以开展职工演讲比赛、职工知识竞赛、职工读书活动、优秀职工评选、职工风采展示等，这些都能够很好地传递主流价值观，以典型和榜样的力量引领职工认同和增强社会正能量。

3. 新媒体活动

随着新技术和新媒体的发展，大多数的职工掌握了微博、微信等方式和手段。新媒体具有传统媒体不可比拟的优势，它展示方式亲和、内容传播迅速、职工参与便捷，可实现主办方与参与者最大范围和最大程度的互动，因此，日益成为工会工作的新模式。

4. 职工参与式培训

很多企业在长期的职工教育的摸索实践中，构建起了以拓展训练为主的“参与、体验、感悟、成长”的素质教育模式，其创新之处在于将传统的德育四要素（知、情、意、行）进行了重新调整。传统的德育模式是首先向学员呈现“知”，即道德认识，在学员明了“知”的基础上，有目的地引导学员体验“情”，由道德情感进一步上升为道德意志，最后指导道德行为，形成“知—情—意—行”的教育模式。这种模式在过去很长一段时间内发挥着重要作用，而且取得过良好的效果。但在价值多元、信息爆炸的现代社会中，青年职工的心理特点、兴趣爱好、道德认知都发生了极大的改变，为此，职工素质教育工作人员可以创新教育理念，以“行”为切入口，引导学员在行动中体验，在体验中感悟“情”，在感悟中形成“知”，然后内化为“意”，即信念，最后再回到“行”中，即形成“行—情—知—意—行”的素质教育模式。在整个教育过程中，要以体验参与为主，前后呼应，目标明确，用身体行动带动思维行动，由思维行动调整心理认知，从而内化信念，直到改变学员的行为。

（二）工会策划职工教育培训活动的方法

工会策划职工思想道德教育培训既要遵循教育培训的一般规律，同时又不能拘泥于死板的教学模式，要使思想道德教育培训实现内容丰富而形式新颖的效果，让职工在轻松的环境中通过可以接受的方式来接受教育。

在具体工作中，其包括以下几个步骤。

1. 主题的确定

培训主题的确定要符合以下几个方面的要求：一是主题明确集中，即一次培训的主题通常明确为一个，不能模糊，也不能贪多，不能指望一次培训解决所有的问题。二是主题积极深刻，即培训主题要具有思想性、科学性，同时要有深度。在确定培训主题时，不怕选题小，而怕选题过空过泛，在选题积极正确的情况下，要结合实际情况，能聚焦某个方面最好。通过调研多家企业工会教育培训工作的实际情况我们发现，有些企业工会在提出选题时，往往过大而空泛。例如，有的工会将主题确定为："以人为本，提高全员素质，提高管理水平，促进各项改革"，这个选题就过于宽泛，不好落实和实施。三是培训主题要贴近职工现实。培训主题一定要贴近企业实际和职工实际，否则，就会使员工有鞭长莫及的感受。例如，有的企业将培训主题确定为"实现新梦想，和谐奔小康"，这个主题很具正能量，也很有感染力，但会让职工觉得离自己的工作学习和生活都比较远，参加培训的兴趣就会大大减弱。

2. 培训需求分析

要确定好培训的主题及培训内容，工会开展培训要求分析的关键是要做好培训需求的调查与分析。培训需求调查包括对时代背景的分析，要让培训主题符合时代的大背景和总要求；对企业需求的调查与分析，即企业当前发展中需要什么样的职工队伍，需要职工具备怎样的精神态度。另外，还应加强对职工需求的调查分析，即职工希望了解和学习什么。在此基础上，要综合分析培训应采用什么样的形式。在需求调研过程中，要在确定培训内容的基础上，根据职工特点和培训内容特点，尽量采用参与性强、互动性强、活泼新颖的培训形式。

3. 处理好两个关系

在实际操作中，工会要注意协调好以下几个方面的关系：一是协调好与人力资源部的关系。通常培训工作是由企业人力资源部门来主管的，但人力资源部门主管业务培训较多，而思想道德培训相对较少涉及。因此，工会可以多下些工夫，研究好职工思想道德的培训，与人力资源部门实现优势互补。二是协调好需求调查与分析的关系。通常工会或人力资源部门会通过问卷调查等方式征求职工及各部门的培训需求，但对需求调查结果的研究相对不足，其导致的结果一方面是培训可能会迁就职工的需求，培训内容较为分散而无法集中；另一方面，调查结果不能很好运用，培训内容的开发仍然集中于人力资源部的想象，其采纳调查结果较少，无法满足广大职工的需求。

4. 培训的准备与实施

培训前的功课也不能马虎，最好详细列个清单，随时检查培训完成的情况如何。培训前需要准备的工作有：一是提前筹备。常规单项培训提前一周筹备，专项系列培训（如新员工入职培训、精英训练计划等，这些培训包含多个课程内容的培训）提前一个月筹备。二是明确时间、地点、人员。要通过沟通协调，提前把培训开展的时间（具体到几点几分开始，预计几点几分结束）、地点（培训教室或场地）、人员（受训对象和具体人员名单、培训讲师与助教、培训服务组人员名单和分工）等最基本的信息确定下来。三是通知到位。通过邮件或公告栏发放或张贴正式的培训通知，并打电话给培训讲师和受训人员（人不多时）或部门负责人（人多时），确保将培训信息通知到相关人员。四是确认培训课件PPT。通常工作人员应提前半个月与老师沟通，请老师提供PPT，接收到PPT后，根据课程大纲要求去审核课件内容是否合格，并将意见反馈给老师。五是准备好培训道具、物料设备等。如培训中案例演练的游戏道具，培训中所需影音材料、背景音乐，以及各类纸质材料和表格（教材、试卷、签到表、反馈表）、大张白纸、大头笔、奖品及荣誉证书等。另外，如有需要还应准备笔记本电脑、投影仪、音箱、麦克风、电源排插、电池、充电器、摄像机、照相机、录音笔等。六是场地布置和氛围营造。这是培训前一天要准备好的工作，如拉横幅、贴标语、学员分组排座位、制作并张贴培训纪律看板等，并最后检查一次电源、灯光、音响、空调、电脑、投影、麦克风等是否正常可用。七是培训开场前准备。培训当天，应提前一个小时到达现场，做好接待引导、秩序维护、督促签到、主持或开场工作。八是后期保障安排。包括讲师、学员的食宿提前安排，现场饮用水、茶叶、咖啡等的准备工作等。

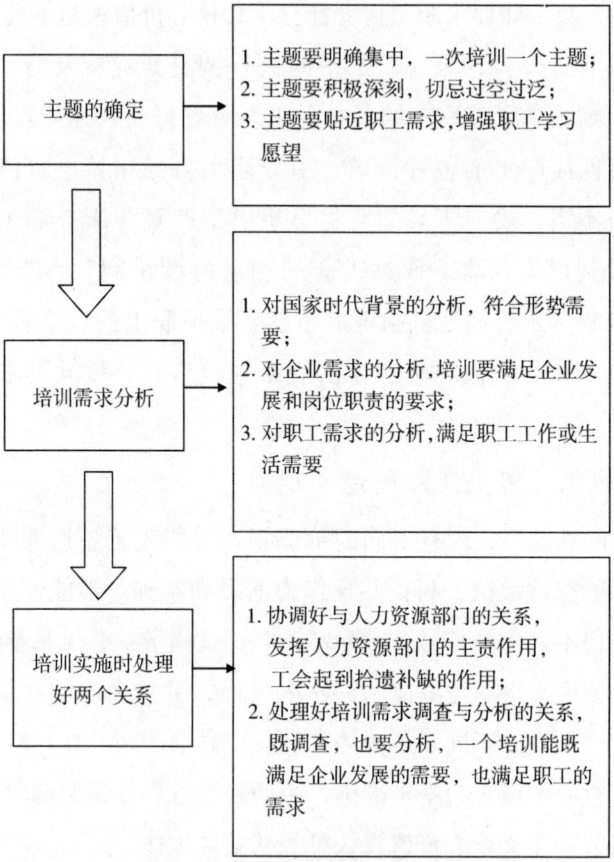

工会组织职工教育培训活动的流程

四、职工思想道德素质建设中应注意的问题

1. 要遵循以人为本的理念

职工思想道德建设是企业文化建设的重要组成部分。企业要提倡和遵循以人为本的理念，尊重职工，关心职工，善待职工，为职工营造良

好的工作和发展环境，在此基础上，以核心价值观引导职工，相关培训工作才能获得职工的理解、认同和支持。一个好的企业发展环境，会深深地感染和影响职工思想道德的形成和发展，企业只有真正以职工为本，才能换来职工爱厂如家，与厂共荣共辱的责任感和使命感。离开以人为本的大环境，只一味要求职工树立社会主义核心价值观是不现实的。

工会要主动作为，深入职工中间进行调查研究，及时、准确、全面、深入、细致地了解职工的各种诉求。要在解决诉求上抓实、抓深、抓细，积极回应职工的各种诉求，引导职工自觉用核心价值观检省诉求上的当与不当、妥与不妥。要将思想道德教育与服务职工群众相结合，真正做到以人为本。通过工会的利益协调机制、诉求表达机制、权益保障机制、矛盾调处机制等的建设，维护职工的合法权益。同时，要逐步养成用核心价值观和法律法规来规范言行、检验诉求合理性的良好习惯。

2. 帮助职工解决实际问题

有不同的利益观，就有不同的价值观，对职工思想道德素质进行教育要将职工的权益维护、利益共享作为前提和基础。不能奢望一方面职工合法权益得不到保障；另一方面却让职工爱岗敬业，无私奉献。

随着社会主义市场经济体制的深入发展，劳资之间的利益问题会凸显，不同社会阶层、不同职工群体的利益差异会出现，在这样的情况下，以社会主义核心价值观为基本准则，协调好各方利益是调动职工积极性，获得职工对社会主义核心价值观认可的基础性工作。

工会要让职工在企业利益调整的过程中能够参与其中，并维护其合法权益和利益。要保障职工的经济权益，不能使职工成为企业改革的利益受损者。要确保企业制度建设是公平正义的，不能使职工成为弱势群体。在此基础上，引导职工树立市场经济意识，树立爱岗敬业、多劳多得的理念，树立辛勤劳动、诚实劳动、创造性劳动的时代风尚。

3. 注重工会文体活动建设

工会文体工作是企业文化建设的具体内容和表现形式，丰富多彩的职工文化活动能够对职工起到引导、凝聚、激励、教育的作用，进而陶冶职工情操，促进职工身心健康，增强企业凝聚力、向心力和战斗力，使企业精神、价值理念、发展目标、规章制度等内化为职工的自觉行动。

工会文体活动对于弘扬社会主义核心价值观和社会主义先进文化建设有着积极的承载作用。

首先，文体活动有助于员工提高文化品位和精神境界，促进身心健康，员工在活动中受到艺术熏陶和感染，身体机能得以调养和修整，精神生活更加丰富多彩。

其次，文体活动有助于提高职工的团队意识和进取精神，大部分的文体活动需要依靠团队的配合和个人的表现才能取胜，通过组织职工参加文体活动，培育职工的集体主义精神和进取意识，能够增强员工的集体荣誉感和凝聚力。

再次，文体活动有助于培养职工健康的生活方式，工会组织应开展内容健康、形式多样的文体活动，吸引职工广泛参与，进而培养职工良好的道德和意志品质，使职工养成遵守纪律，顾全大局的好作风，自觉抵制社会上的不良影响和不健康的生活方式，培育良好的生活习惯和行为方式。

最后，工会组织的群众性的文体活动通常强调团队性、合作性和集体主义精神，这些文体活动能有效引导职工走出个人的思维范畴，达成集体的共识，这些活动通过满足不同年龄、不同层次、不同学历水平等的职工的需求，能在最短时间内融洽企业集体氛围，减少职工之间的冷漠与隔阂，有效推进职工人际关系的改善。

4. 加强工会职工之家建设

工会要加强职工思想道德建设，就是将工会建成职工之家，发挥工会是职工娘家人的作用，促进职工体面劳动，舒心工作，全面发展，营造一个充满关爱的、充满人文关怀的、充满正能量的、充分体现核心价值观的工作氛围，以好的氛围熏陶职工的情操，引导职工的思想。

例如，一些单位工会建立的“四知四清四跟踪”“五必访三知道”“六必访六清楚”等制度，为职工及时送去温暖，同时弘扬了正能量。为帮助职工渡过难关，许多工会建立了专项帮扶资金和爱心基金，给职工送去关怀，让职工相信企业、相信社会。一些建筑企业在各个项目部为职工配备了“一线二堂三室四房”，即网线、职工食堂、职工课堂、阅览室、活动室、保健室、沐浴房、洗衣房、晾晒房、充电房。还有一些工会为职工建立了“妈咪小屋”，解决哺乳期职工的难题。这些举措都扎扎实实地为职工解决了后顾之忧，必然成为凝聚职工的重要举措。

5. 无痕的教育最有效

在人们的惯性思维中，思想道德教育是一种教化性的方式、手段和工具。很多人认为，所谓思想道德教育，就是要通过自上而下的目的性、功利性、强制性的教化，使职工接受某种主流的价值观或理念。如若普通人这么讲理倒也无妨，但很多工会组织在这一理念的指导下，采取灌输式、内容单一的“填鸭式”培训，结果出现了台上讲得红红火火，热火朝天，台下手机玩得不亦乐乎，或听得云里雾里。那么，能否从另一个角度去思考职工的思想道德教育，使思想道德教育贴近职工本身的存在或生活方式，而不再是进行强制性的教化，即所谓“无痕的教育最有效”。

我们的思想道德教育要考虑如何唤醒每个人的自我教育、自我认同、自我理解，引导职工正确认识社会的主流意识形态和社会公共理性，要考虑如何从现实生活出发，使职工思考人的生存意义和社会价值，从而使其在主流价值观中寻找到最终的精神归宿，以达到人与自然、人与社会、人与人以及人与自身的和谐，促进劳资和谐，推动企业发展。

第五章 推进科学文化素质建设

科学文化素质建设是素质工程的重要工作内容。大到国家和社会的创新发展，中到企业的健康成长，小到个人的成功人生都直接或间接地与科学文化素养联系在一起。如果说思想道德素质决定了一个的价值观，决定了一个人持有什么样的立场和观念，那么科学文化素质则决定了一个人是否具备持续发展的知识储备和学习能力。有了正确的发展方向，还要有真的学识和才干，更得有边干边学，学中干、干中学的意识和能力。

一、科学文化素质建设的重要性

（一）科学文化素质的内容

科学文化素质是人在处理与自然和社会的关系中应该具备的知识、精神要素（价值观念）和实践能力，科学文化素质的内容包括以下几个方面。

1. 科学知识的学习

科学知识的学习是提升职工科学文化素质的基本要求。科学知识能帮助职工形成智力和能力，最终转化为生产力，职工通过不断积累相应领域的科学文化知识，不懈地实践和研究，才能形成高超的技艺。人类知识总量在迅速翻番，知识更新也在不断加快，科学技术转化为生产力的速度同样也越来越快。在20世纪初，科学技术需要20年至30年的时间才能转化为生产力，而到了20世纪六七十年代，激光与半导体从发现到应用只不过用了2年至3年，在当今社会，信息产品的更新换代只有十几个月。职工若不持续地学习和积累必要的科学知识，那么就不仅谈不上创新和发展，而是离“愚昧”越来越近。

科学知识的学习有其规律性，是个长期持续的过程，不能急功近利。

知识具有层次性、连贯性、时代性，科学知识犹如浩瀚海洋，波澜壮阔，后浪推前浪，因此，学习科学知识要与行业、企业与岗位相结合，有所侧重，有所选择。另外，要注重科学知识的系统性。知识像一座高山，是分层次的，任何层次和环节空白都会使知识断裂，甚至会从空白处走向歧途，因此，在重视职工现代科学知识学习和更新的同时，还要注重基础知识的学习和积淀。

2. 科学思想的养成

科学思想，即科学地思想，科学地思维，是科学文化素质的重要内容之一。文化知识经过条理化、系统化、理论化的运用、实践、集中和提炼，便形成科学思想。科学思想一旦形成理论体系，同时与岗位创造相结合，与技术发展相结合，便会形成巨大的生产力。科学思想首先是基于科学知识的，因此职工需要不断积累相关领域的基础知识及现代知识，做到烂熟于心，无沙不成塔，无米不能炊；科学思想来源于实践，需要职工不停地将科学知识在实践中去运用、理解、验证、梳理和提炼，知识只有正确地反映了客观事物及其发展规律，才能称得上是正确的思想；科学思想还来源于思维方式的训练和养成，例如，要训练职工的抽象概括思维、辩证唯物思维、逻辑推理思维、反向思考思维等。

3. 科学方法的确立

科学方法是指运用所学科学知识去认识世界的方法论。科学方法形成后，就能指导职工更有效地进行思维，更有效地学习科学知识。同时，能运用科学知识解决生产生活中的实际问题。学习科学知识，养成科学思想，最终都是为了确立科学的方法，以科学的方法去开拓和创新工作。科学方法，包括科学研究的一般方法，诸如归纳、演绎，分析、综合等，也包括一些具体方法。可以说，有多少学科门类，就有多少具体方法。因为客观世界是多层次的统一，科学知识是多层次的系统，认识和改造客观世界的科学方法也是一个多层次的体系。确定科学方法要具备科学知识和科学思想，同时要有不断的实践与总结。正如庖丁解牛，庖丁对刀法的娴熟运用，是基于其对牛体结构、肌肉、纹理的了如指掌。

4. 科学精神的培育

科学精神是指探索求真的理性精神、实验取证的求实精神、开拓创新的进取精神、竞争协作的包容精神、执着敬业的献身精神等。科学精神是科学文化素质的“动力”，一位职工即便有再丰富的科学知识、再强大的科学思想、再巧妙的科学方法，如若没有愿意实践和行动的科学精神，一切都无从谈起。培育职工的科学精神，就是要教育和引导职工解放思想，实事求是，勇于面对新情况新问题，反复研究，反复实践，热爱科学，崇尚真理，一切按规律办事，努力用科学理论、科学知识创新创造。

科学知识、科学思想、科学方法、科学精神是一个互相联系、互相作用的整体。知识是基础，思想是灵魂，方法是能力，精神是动力，精神、思想和方法又都贯穿在知识中，贯穿在学习运用科学知识、通过科学知识改造世界的实践活动中。提高职工的科学文化素质要兼顾这四个方面的内容，统筹设计，相互促进，共同提升。

（二）科学文化素质建设的必要性

1. 科学文化素质建设是企业创新发展的需要

知识是能力的基础。多年来，人们存在一种认识偏差，即认为职工，尤其是一线职工不需要具备较多的文化知识，只要具备技能或具体操作步骤就够了，也就是只要会干活，将产品生产出来即可。当前，企业面临日益激烈的竞争环境，企业革新和变化是常态，不管是科技的创新与变革、管理的创新与变革，或者是服务的创新与变革，其中都存在着理念、知识或技能的更新。员工只有具备一定的科学文化知识，才能迅速地理解、学习和掌握企业创新所需的技能，也因此才能支撑企业的变革。所以说，硬件的更新与创新相对容易，而人的知识素养的提升却不能一蹴而就，是一个长期积累和培养的过程。

2. 科学文化素质建设是提升企业科技内涵的需要

一个企业的职工科学文化素质如何，从根本上决定着企业的创新能力和核心竞争力。加强职工科学文化素质，使职工掌握丰富的科学知识和科学方法，并能够把先进的科技成果运用于企业的生产实践，才能提高企业工业化的科技含量。举一个简单的例子，当前，很多企业很重视品牌建设和形象宣传，但大部分的企业只注重产品的包装和宣传，在宣传手段上花样翻新，但却很少能展现企业或产品的科技魅力。其原因不是怕顾客不理解产品，也不是产品无科技含量，是企业的沟通和销售人员本身没有丰富的科技观和科学文化素养，既无展现科技魅力的意识、素养，又无此能力。久而久之，企业便给顾客留下花架子的形象，而最有内涵的科技魅力却无人理解。

3. 科学文化素质建设是经济转型升级的需要

人类历史是科学不断进步的历史，人类智力所达到的高度，从来都是那个时代科学文化所达到的高度。人类历史的难题从来都是那个时代的人民在前人的基础上通过科学创造解决的。现代科技的迅猛发展，空前地加大了科学知识转化为生产力的力度和速度，高科技领域的一个突破就可以带动一批产业的发展。高级科学技术及其产业已经成为推动经济和社会发展的主导力量，成为综合国力的核心体现和国际竞争的焦点。谁占有高科技，谁就占有经济社会发展的主动权。知识在经济技术增长中的含金量逐渐提升，信息技术尤为突出。据经合组织 1996 年统计分析，其成员国国内生产总值 50% 以上是以知识为基础的。在 20 世纪 40 年代以前，西方主要工业国家经济增长中的科技贡献率不足 30%。另据相关数据分析，2002 年美国经济增长中以知识增长为基础的因素占到 70% 以上，企业知识密集型岗位占到 80% 以上。而我国现在的状况是，就业人员中受过大专以上教育的只占 2.8%，文化程度在初中以下的人口比例高达 86%。如果我们不能拥有现代科学文化力量，在未来的竞争中，我们就会在很多方面受制于人。

二、科学文化素质建设的途径与载体

科学文化素养的提升是多方努力、多措并举的结果，工会应通过以下途径和载体，为职工搭建便捷化、有效性的学习平台。

（一）职工书屋建设

职工书屋是由全总倡导、各级工会实施的一项文化工程，其主旨在于保障广大职工特别是一线职工、农民工的基本文化权益，丰富基层职工精神文化生活，引导职工读书的意识和习惯，方便职工的业余阅读。

1．建设原则

一是坚持正确的政治导向。使职工书屋成为新时期工会组织密切联系职工群众的有效载体，成为开展社会主义核心价值观实践活动的平台阵地，通过提供优秀的精神文化产品、开展丰富的阅读学习活动，大力弘扬主旋律，传播正能量，倡导工人阶级优秀品质和劳模精神，加强对社会公德、职业道德、家庭美德、个人品德的宣传教育，积极培育社会主义精神文明风尚。

二是坚持为企业职工服务的宗旨。在提供多样化的精神文化产品的同时，加强科学文化、技术技能方面的读物及相关文化设施的配备；把服务职工同教育引导职工结合起来，充分利用职工书屋的资源、场地等优势，开展形式多样的职工学习培训活动，推动职工文化和企业文化建设的发展。

三是坚持把发挥作用放在突出位置。进一步拓展职工书屋在企业职工文化建设方面的功能，把图书利用情况、活动开展情况、职工群众参与情况等作为重要标准，不断增强职工书屋的魅力和活力，引导、激发和帮助广大职工读书成才，使职工书屋成为增强工会组织吸引力、凝聚力的重要载体，成为工会服务职工工作体系的重要组成部分，成为职工的精神文化家园。

2. 建设要求

一是向条件困难者倾斜。职工书屋的建设应向缺少阅读学习条件、切实需要帮助的地区和基层单位倾斜，向基础设施较差的中西部地区、老少边穷及少数民族地区、新型城镇化进程中农民工集中流入的地区和单位倾斜。

二是按标准建设。全总出资援建的职工书屋的基本标准是：藏书量3000册、报刊20种以上，电子音像制品不少于80种（张），有可上网电脑，由同级工会调配专（兼）职工作人员从事职工书屋的日常管理。各地工会根据企业实际情况因地制宜、分类指导建设职工书屋，可通过小型图书角、书架、流动书箱等创新模式和灵活适用的方式为流动性较大的一线职工提供阅读学习条件。

三是充分发挥作用。依托职工书屋开展读书、征文、演讲、朗诵、文艺创作等各类活动，丰富职工的精神文化生活。发挥职工书屋的教育培训作用，加强社会主义核心价值观教育、职工素质技能培训等，使职工书屋成为团结和凝聚职工群众的重要阵地，成为工会提高职工素质、推进企业职工文化建设的重要抓手。

四是提高服务能力。加大对职工书屋的资金投入，不断完善职工书屋的阅读设施，及时更新图书品种，改善职工的阅读体验。树立以职工为本的服务理念，重视青年职工群体的阅读需求，注重选配图书的思想性、实用性和时代性，为职工提供专业的阅读指导，通过创新活动引导职工多读书、读好书。不断丰富服务内容，拓展服务功能，使职工书屋成为全民阅读的重要载体。

3. 重点任务

一是推进职工书屋综合化建设，努力实现功能的延伸。要在发挥职工书屋阅读学习功能的基础上，进一步向职工综合文化平台延伸。要及时更新图书，完善阅读设施，进一步增强职工的学习效果；要与职工素质建设工程相结合，利用职工书屋丰富的学习教育资源开展思想政治教育、技术技能培训等活动；要与企业职工文化建设相结合，依托职工书屋举办读书会、演讲、朗诵、文艺创作、书画摄影展览等各类活动，让职工书屋成为职工自我学习、自我教育、自我提高的综合平台。有条件的职工书屋可开展公益性的图书经营活动，增强职工书屋的活力，使职工书屋建设与组建工会、创办职工帮扶服务中心、建设“职工之家”等工作进一步有机结合，在促进工会成为枢纽型社会组织，成为学习型、服务型、创新型组织过程中发挥重要作用。

二是推进职工书屋数字化建设，努力实现阅读方式的延伸。在切实配好纸质图书的同时，积极探索职工书屋数字化建设。完善和更新职工书屋电脑及上网设施，为职工提供网络阅读、信息查询的便利条件。因地制宜，加大对数字化、多媒体阅读设施的建设，为职工提供无线上网、手机阅读等服务。开发建设全国职工书屋图书数据库，逐步形成各级工会共享的电子职工书屋阅读平台。

三是推进职工书屋便利化建设，努力实现服务的延伸。各地工会要根据企业实际情况和职工的需求，统筹考虑做好书屋选址、基础设施建设、人员配备等方面的工作，为职工书屋便利化建设创造条件。各地职工书屋要及时更新图书，合理安排开放时间，完善借阅管理制度，开展各类活动，为职工提供周到便利的服务，吸引更多的职工群众到书屋中来。

（二）职工读书活动

读书是提升科学文化素质的重要手段之一，一个爱读书、会读书的职工，一定会不断积累和更新科学文化知识。职工读书活动是以活动的方式倡导职工多读书、好读书、读好书，以培育职工主动阅读的意识，养成热爱读书的习惯。通常，职工读书活动有以下几种。

1. 职工读书节

职工读书节的特点包括三个方面：一是目标明确。职工读书节的设计目标就是拓宽职工的阅读视野，提倡职工的阅读行为，培养职工阅读的习惯和能力。二是活动丰富，读书节通常包含以读书为主体的多项活动，例如读书活动、主题讲座、演讲辩论等，满足职工多种形式的读书需求。三是阅读范围广泛。读书节活动的设计应考虑职工的需求，参与职工会比较广泛，覆盖面较大，因此，读书节所推荐的书目会比较广泛，涵盖范围多样化。

2. 读书交流活动

读书交流活动是在读书的基础上，又增加了交流、研讨的环节，是更深层次的读书活动。读书交流活动通常基于固定人群，阅读相对固定的书目，然后大家共同交流和探讨阅读心得和体会，深度沟通思想。

（三）学习型组织建设

美国麻省理工学院教授彼得·圣吉设计出进行五项修炼的学习型组织模型，认为未来最成功的企业将是学习型组织。所谓学习型组织，就是充分发挥每个员工的创造性的能力，努力形成一种群体与组织的学习气氛，通过学习，使个体价值得到体现，组织绩效得以大幅度提高。

创建学习型组织，就是在企业内部提供终身学习的理念，即学习不再仅限于学校的正规的、阶段性的学习，还包括在职学习和社会学习；学习的形式不仅包括正规学习、系统学习，还包括在生活、交往、工作中学习；学习的内容不仅包括知识、技能等方面，还包括态度、观念、方法、行为习惯等；学习的类型不仅是继承式学习，更提倡创新性学习。通过建设学习型组织，有意识、有计划地组织全员终身学习，并使个人的学习方向与企业的发展一致，最终使员工和企业共同发展，取得双赢。

1. 对学习型组织的认识

彼得·圣吉对学习型组织的论述是：学习型组织不在于描述组织如何获得和利用知识，而是告诉人们如何才能塑造一个学习型组织。学习型组织的战略目标是提高学习的速度、能力和才能，通过建立愿景并能够发现、尝试和改进组织的思维模式并因此而改变他们的行为，这才是最成功的学习型组织。彼得·圣吉提出了建立学习型组织的“五项修炼”模型。

一是自我超越（personal mastery），指能够不断理清个人的真实愿望、集中精力、培养耐心，实现自我超越；

二是改善心智模式（improving mental models），心智模式是看待旧事物形成的特定的思维定式。在知识经济时代，这会影响对待新事物的观点。

三是建立共同愿景（building shared vision），即组织中人们所共同持有的意象或愿望，简单地说，就是指我们想要创造什么。

四是团队学习（team learning），指发展成员整体搭配与实现共同目标能力的过程。

五是系统思考（systems thinking），系统思考要求人们用系统的观点对待组织的发展。

2. 学习型组织的特征

学习型组织应具有五个特征。

一是有一个人人赞同的共同构想；二是在解决问题和工作过程中，抛弃旧的思维方式和常规程序；三是作为相互关系系统的一部分，成员对所有的组织过程、活动、功能和环境的相互作用进行思考；四是人们之间坦率地相互沟通；五是人们抛弃个人利益和部门利益，为实现组织的共同构想而一起工作。所谓学习型组织，就是充分发挥每个员工的创造性的能力，努力形成一种覆盖群体与组织的学习气氛，凭借着学习，使个体价值得到体现，组织绩效得以大幅度提高。

很多企业即便有完善的学习培训制度与机制，其也不能被称为学习型组织，这是因为这些企业的学习培训存在两种分离：一是工作与学习的分离，其结果是组织绩效中没有学习而带来的改善；二是工作与知识的分离，其结果是妨碍了职工个人的成长。而整合学习、工作与知识的方法，就是创建学习型组织。在成熟的学习型组织中，学习和工作是融为一体的，员工要成为学习型组织的一员，而管理者则要千方百计地提高组织的学习能力。这一方面要求有高素质、自我超越的员工；另一方面在于管理者对职工学习培训的认识水平的高低。

3. 学习型组织的基本条件

全总“创争”活动中关于学习型组织的要求为：

一是在广大职工中普及终身学习的理念，形成了团队学习、全员学习、全程学习的制度和氛围，组织内各种学习型团队（班组、科室）普遍建立，并取得一定实效。

二是有创建学习型组织的长远规划、近期目标和实施办法，有健全的组织领导体系，有明确的各类人才培养目标和任务，教育培训工作在本行业同类组织中保持先进。

三是维护职工学习权利，为职工接受职业教育与培训提供平等机会和保障措施，保证企业用于职工教育和培训的经费不低于职工工资总额的1.5%，从业人员技术素质要求高、培训任务重、经济效益好的企业，不低于工资总额的2.5%。

四是职工的学习热情、学习成果和劳动创造得到充分肯定和尊重，形成了工作学习化的良好局面、学习工作化，以学习推动工作，以工作促进学习，实现了学习成果与工作成就的共享与互动，推动了组织的持续发展。

五是领导成为学习的带头人，组织内有形与无形的教育资源得到充分利用，建立了终身学习和学以致用的激励机制。

六是职工队伍的思想道德素质、职业文明程度、科学文化素质和技术技能水平得到不断提高，通过开展“创争”活动，使各类组织得到发展，社会、经济效益得到提高，组织的创新力和竞争力不断增强。

七是完成国家规定的各类人员继续教育任务和职工培训任务。

知识型职工的基本条件包括如下内容：

一是热爱党、热爱祖国、热爱社会主义，拥护党的基本路线、基本纲领，有科学、正确的世界观、人生观、价值观，有良好的职业道德，甘于奉献，拼搏进取。

二是确立终身学习理念，有强烈的学习要求，有明确的学习目标和完善的学习计划，结合工作实践学习，以学习促进工作。

三是具备所从事工作岗位必备的文化和专业基础知识，有较强的学习能力，勤于学习，善于学习，不断学习新知识、掌握新技能，形成了工作学习化、学习工作化的良好习惯，在团队学习中发挥突出作用，学习事迹突出，成效显著。

四是有较强的实践能力，具备适应岗位变化要求、适应社会发展需要的技能和本领。

五是有较强的创新能力，善于运用学习掌握的先进科学文化技术知识，充分发挥自身潜能，勇于创造，不断创新，在本职工作岗位上有突出业绩并有创造性的贡献。

（四）职工学历提升

当前，鼓励职工通过各种方式提升学历无疑是提升职工科学文化素质的很好的方式，也是较受职工欢迎的一种方式。提高职工的学历水平，有以下两种方式可供借鉴。

1. 联合办学的方式

企业积极联系高等院校，通过校企合作的方式，联合办班，集中地开展职工学历提升教育。这一办学方式的优势是充分整合了学校和企业的资源，有利于培养适应市场经济发展、适应企业发展需求的应用型人才，把课堂传授知识的教育环境和直接获得实际经验和能力的生产现场环境结合起来，实现企业与学校的共赢。

2. 完善机制，鼓励职工提升学历

根据公司职工队伍的整体情况，制定和落实相关政策，公司采取全部或部分报销学费，提升学历与职称评聘、评优树模、选拔使用、资金福利等相挂钩的方式，鼓励职工通过自学提高学历水平。

（五）学分银行

1. 什么是学分银行

所谓学分银行（school credit bank），是指通过模拟或是借鉴银行的功能特点，使学生能够自由选择学习内容、学习时间、学习地点的一种新型教育模式。学分银行突破传统的专业限制和学习时间限制，将技能培训与学历教育结合起来，将学生学习时间从固定学习变为弹性学习，且实现学历教育、实践操作、职业培训的有效衔接，是非常适合在职职工学习的一种教学方式。学分银行尤其适合职业教育边实践、边学习的特点，职业学校设立学分银行，学生可以半工半读，工学交替，学完一门功课，可将拿到的学分存入“银行”，工作几年回来后可以继续学习，学完一门算一门学分，累计到规定学分总数后即可“支取”相应学历。

2. 学分银行的特点

学分银行相对于传统的学历教育、职业培训来讲，具有以下几个显著的特点。

一是累计学分，职工可弹性学习。学分银行的一个重要特点是可以累积学分。职工只要完成一门课的学习，就可累计一定的学分，学分累计达到规定的数量，即可获取学历或职业资格证书，又可同时获取两项证书。

二是学习内容互通，实现产学结合。学分银行的另外一个特点是实现了学习内容的相互认可，职工参加技能培训、认证培训、甚至是岗位培训，均可通过当量替换，累计成学分。学分银行建立起学历教育与非学历教育之间沟通的平台，也满足了在职职工学习内容与岗位要求相吻合的需求。

三是学习时间灵活，适合在职职工学习。学分银行模拟或借鉴银行的一些特点，允许学生自由选择学习时间，而不需要在固定的时间完成固定的学习内容，这为企业工会开展学分银行提供了极大的方便。工会可根据职工的工作和作息时间，灵活安排职工的学习。有的企业将学习安排在生产淡季来开展，而有的企业安排在业余时间进行学习，还有的企业安排轮岗排班来学习。

3. 学分银行的实施

工会开展学分银行的职工教育工作通常包含以下几个核心步骤。

一是统筹教育相关资源。学分银行项目固然优势突出，但实施过程中需要相关的政策支持，需要职能部门相互配合和认可方可实施。在实施学分银行之前，工会需要联合教育部门、劳动部门统筹推进此项工作，需要共同研讨制定学分银行项目的规则、标准及实施办法等，尤其是要相互认可学习培训的过程和内容，认可学分累计的标准和办法，这是项目成功实施的重要前提。

二是建立学分银行试点单位。工会利用各级工会组织推广学分银行项目。将职工有培训意愿、职工比较集中、企业有着完善的职工培训体系、培训经费有所保障、工会与人力资源部能密切配合、有基础的教育教学设施条件的企业，作为学分银行的试点单位。

三是整合教学资源。整合教育教学资源，具体工作内容包括教学计划制订、教学管理及学分转换等专业工作。

四是学分累计与转换。包括学分认定，即将各级各类学习成果认定为标准学分；学分转换，即将学历教育之间、学历教育与非学历教育之间及其他学习成果进行互相转换；学分累计，即职工学习完成后，在不同时取得的不同学习成果，经过专家认定后，累计成学分；学分认定，即根据事先确定的规则和标准，累计的学分经认定后，可以兑换为社会认可的相应证书。

4. 关于开展学分银行项目的几点建议

一是统筹开展。学分银行项目是一个复杂的系统工程，要实现各类教育形式纵向沟通、横向衔接，搭建职工终身学习“立交桥”的目标，这需要打通普通教育、职业教育、继续教育及各类培训之间的界限，实现不同类型学习成果的互认，单纯由某个单位来开展学分银行都是比较困难的。因此，需要发挥工会社会组织的功能，协调各个部门，由教育部门牵头，工会发挥组织动员企业职工参与的职能，确保学分银行的落地。

二是要依托专业教育机构配合实施。学分银行项目除了涉及学生学历教育的各个环节之外，还涉及专业标准和课程标准制定、学生注册、学分互认、审查和监督、学习成果积累和转换等专业工作，因此需要工会职工大学或其他专业教育机构配合实施。

（六）农民工圆梦计划

农民工是当代产业工人的重要组成部分，也是很多地区及企业工业建设的主力军。

目前，“农民工求学圆梦助推行动”在各地工会中已有成功经验。如北京市总工会开展了首都农民工大学生助推计划，由工会职工大学为农民工提供语文、数学、英语等科目的辅导，经全国成人高等教育统一考试且成绩合格者，在北京市总工会的资助下完成两年半的大专学习，并获得高等职业教育学历证书和相应的职业资格证书。深圳市总工会于 2008 年率先发起了“圆梦计划”，采取政府支持、工会帮扶、社会赞助相结合的方式，帮助在深圳工作表现优秀的农民工实现继续教育，目前已使 3000 多名农民工受惠。此外，大连、杭州等地工会也持续帮助符合条件的农民工解决了大学学费等。

三、科学文化素质建设中应注意的问题

1. 科学文化素质建设应与企业生产紧密结合

职工素质建设工程要关注在职职工的科学文化素质建设，因此，要将所学科学知识与所在企业生产紧密结合，使文化知识尽快转变为生产力。

德国进入工业化时代之初，大学的科学研究是与生产领域完全脱节

的。尽管那时“世界科学中心”在德国，但是美国人很聪明，他们在德国拿到学位回国后，不是一味地跑到大专院校里做研究工作，而是进入到市场里去办企业。

经过调研，德国科学家发现美国工业品的科技含金量最高，由此明确提出“理论与实践相结合”的方针，并开始大力推进应用科学的发展。由于德国有基础科学上的雄厚根基，很快就建立起科学理论与工业实践之间的联系，从而在半个世纪时间里将世界一流的科学家队伍、工程师队伍和技术工人的队伍结合在一起，领导了“内燃机和电气化革命”，使德国工业经济获得了跳跃式的发展。

此后，德国的机械、化工、电器、光学，甚至厨房用具、体育用品都成为世界上质量最过硬的产品，“德国制造”成为质量和信誉的代名词。德国最有名的公司，几乎都是从那个时代成长起来的。它们直到今天都维持着世界性的声誉。我们由此可以看出，将科学文化素质建设与企业生产紧密结合是十分必要的。

2. 科学文化素质建设应与岗位创新紧密结合

当前我们所面临的形势是，现代科技的迅猛发展，空前地加大了科学知识转化为生产力的力度和速度。高科技领域的一个突破就可以带动一批产业的发展。高新技术和相关产业发展得好坏已经成为推动经济和社会发展的主导力量，成为衡量综合国力和国际竞争的重要方面。谁占有高科技，谁就占有经济社会发展的主动权。

2015 年，李克强总理在山西省太原市调研时指出：我们的钢铁产能过剩，却生产不了圆珠笔的圆珠，这意味着当前制约我国生产的正是产业工人的工艺。

因此，对在职职工开展科学文化素质的提升，追求的终极目标并不一定是取得多高学历，得到多少证书，而应与岗位相结合，尽量帮助其学习技能提升所需要的理论，实现学习与工作的紧密结合，使其对工作知其然，还知其所以然。

快速阅读

科学文化素质建设的载体与要求

序号	载体	工作要求
1	职工书屋建设	(1) 向缺少阅读学习条件、切实需要帮助的地区和基层单位倾斜; (2) 全总出资配备的书屋藏书3000册、报刊20种以上、电子音像制品不少于80种（张）、有可上网电脑；基层单位根据标准配备，鼓励建立电子书屋; (3) 依托职工书屋开展读书、征文、演讲等活动，充分发挥职工书屋作用; (4) 提高服务职工能力，引导职工多读书，读好书
2	职工读书活动	(1) 以活动带动职工的读书热情，培育职工的读书习惯; (2) 职工读书节，其特点一是目标明确，拓宽职工阅读视野；二是活动丰富，包含读书、演讲、讲座、辩论等多项活动；三是活动范围广泛，满足不同职工的不同需求。 (3) 职工读书交流活动，其特点是在读书的基础上，重在各种形式的交流，深化职工的读书效果
3	学习型组织建设	(1) 在广大职工中普及终身学习的理念; (2) 建立健全学习型组织建设的组织领导体系和实施规划与办法; (3) 维护职工的学习权利，确保资金投入; (4) 职工的学习热情、学习成果和劳动创造得到充分肯定和尊重; (5) 领导成为学习的带头人; (6) 职工的思想道德素质、职业文明程度等明显提高
4	职工学历提升	(1) 联合办学的方式，校企合作，帮助职工提高学历; (2) 政策鼓励，采用报销学费、落实待遇等方式鼓励职工提升学历
5	学分银行	(1) 统筹教育相关资源，确定学分银行机制; (2) 建立学分银行试点单位; (3) 整合教学资源，相关的教学单位负责教学计划制订等教学管理工作; (4) 学分累计与转换
6	农民工圆梦计划	帮助农民工提高学历，促进其职业发展

第六章

强化职工技术技能素质建设

2015 年，国务院印发了《中国制造 2025》，部署全面推进实施制造强国战略，推进我国制造企业由大变强，增强制造业的创新能力。然而，制约中国制造强国的目标实现的关键在人，如果没有大批高素质的科技人员和技术工人，产品质量就无法精细，品牌效益就难以实现，自主创新能力更无从谈起。因而，《中国制造 2025》把人才作为建设制造强国的根本，提出建设一支素质优良、结构合理的制造业人才队伍，走人才引领工业发展的发展道路。

一、提高职工技术技能素质的重要性

（一）国际产业分工正在重新洗牌

21 世纪以来，世界范围内知识创造和技术创新进程不断加快，新的科技革命和产业变革呈现加速态势，许多国家都把培养吸引创新人才、增强创新能力提升到国家发展战略的核心层面。美国针对制造业份额的下降及产业“空心化”，提出重振制造业的发展战略，掀起回归实体经济的高潮。美国 2012 年成立制造业创新网，要做“制造业大脑”，试图重振制造业在全球的领先地位。德国提出“工业 4.0”，即第四次工业革命，以物联网为核心，充分借助机器人和 3D 打印技术方面的优势，将公司内外连为一体，实现满足客户个性化需要的生产。印度作为新兴经济体，其在 2014 年推行积极的产业扶持和物联网政策，发展相关产业，架起了“印度制造”和“数字印度”之间的桥梁。纵观世界各国的工业发展政策，全球正在形成以信息技术与制造技术深度融合为主要特征的新一轮产业革命，国际产业分工正在“重新洗牌”，这也使我国面临着十分严峻的挑战。我国要在新一轮世界科技革命和产业变革中迎头赶上，必须依靠技能支撑。这就需要加快培养大批科技创新人才和高技能人才，迅速提高劳动者综合素质，积极构筑人才竞争比较优势，增强国家核心竞争力，在新一轮全球产业结构调整中占据有利位置，赢得未来发展先机。

（二）我国经济发展方式亟须转变

过去30多年，我国经济发展更多依靠要素的相对优势，依靠投资驱动、出口和技术引进，推动经济高速增长。现在，要素的规模驱动力减弱，依靠投资驱动、规模扩张、出口导向的发展空间已越来越小。经济发展要突破自身发展瓶颈、解决深层次矛盾和问题，其根本出路在于创新。要实现经济发展方式的高效率、低成本、可持续，必须更多依靠人力资本质量和技术进步，依靠创新来引领和支撑经济发展和社会进步；必须重新构造中国企业的竞争力基础，把成本优势逐步转移到技术优势、品牌优势和服务优势上来。

美国竞争力委员会和德勤会计师事务所通过对超过500名全球首席执行官的调查发现，驱动未来制造业发展的最重要的因素就是“人才驱动创新”。推动创新，不仅需要一大批掌握核心技术和管理技术的高层次创新创业科技人才，也需要一大批掌握现代生产制造技术的高素质技能人才。

（三）我国技能人才严重不足

2015年，全国人大常委、全国人大法律委员会副主任委员、中国职协会长孙宝树在中国职协五届四次会长会议上讲到：截至2013年，我国技能劳动者为1.5亿人，仅占城镇就业人员的39%，占就业人员总量不到19%；高技能人才3762.4万人，仅占技能劳动者总数的25.2%，占就业人员总量不到5%。显而易见，我国技能人才特别是创新型高技能人才的发展现状还难以适应国家实施创新驱动发展战略的需要。因此，要加大职工的职业培训工作力度，加快建设一支与国家发展战略相适应的高素质技能人才队伍，推动由“中国制造”向“中国创造”的转变。

二、提高职工技术技能素质的途径

（一）加强职工（劳模）创新工作室建设

近几年来，各级工会组织通过加强职工（劳模）创新工作室建设，为职工技能提升搭建好的平台，构建好的工作机制，营造好的工作环境，成为提高职工技术技能水平的重要途径和载体。

1. 什么是职工（劳模）创新工作室

职工（劳模）创新工作室是以在技术研发、专业技能等方面有一定的理论水平、工作经验和创新能力的知名劳模、高技能人才、技术技能领军人物为负责人，以本企业、本行业技能人才和优秀职工为主要成员，以提高自主创新能力和职工素质为目的，围绕生产经营、技能人才培养和企业重点、难点问题等开展技术创新、管理创新活动的职工团队。其主要任务是推广普及先进技术和创新理念，组织职工开展技术攻关、学习交流、合理化建议等活动，促进企业职工技能素质的提高。

2. 职工（劳模）创新工作室建设的标准

通常，建设职工（劳模）创新工作室应符合以下标准。

（1）有模范带头人：创新工作室主要依托劳动模范中的高技能人才、中华技能大奖获得者，以及部分掌握传统技能、民间绝技的手工艺大师创建，创新工作室以该带头人名字命名。

（2）有骨干团队：以一线技能人才为主体组成技术骨干团队，团队人数不少于3人。

（3）有场所设施：有开展活动所需的独立、固定场所和配套设备，购置必要的专业资料。

（4）有活动经费：所在单位设立专项经费支持创新工作室活动的开展。

(5) 有规章制度：有完整、成文的规章制度，并在实践中不断完善。

(6) 有计划目标：有明确的工作目标，有相应的工作计划。

(7) 有台账记录；创新工作室有规范完备的台账，全面记录工作计划、工作流程、攻关项目、创新成果、考核考评情况等。

3. 创建职工（劳模）创新工作室的原则

(1) 服务企业发展的原则。职工（劳模）创新工作室是群众性经济技术创新活动的发展创新，要紧紧围绕企业发展目标，从企业改革、发展和生产、服务的实际出发，围绕本单位生产经营活动和工作重点、难点问题，实现产学研相结合，开展技术创新、管理创新、科技创新、服务创新、经营创新和业务创新活动，为企业发展打造坚实的技术支持，提高企业核心竞争力，促进企业发展目标的实现。

(2) 以职工为本的原则。职工（劳模）创新工作室的创建要尊重职工、依靠职工、发展职工，要面向企业全体职工，动员广大职工积极参与，引导广大职工努力提升自身素质和技能，为职工实现人生目标和职业目标服务，提高职工的社会地位和责任感。要发挥技术带头人的作用，通过传帮带，将先进的技术知识传递给广大职工，从而提升全体职工的技能素质。要努力打通职工的职业发展通道，营造更好的学习环境、创新环境，拓展职工的发展空间，充分调动和发挥职工的积极性、主动性、创造性，为企业发展贡献智慧和力量。

(3) 考核激励的原则。职工创新工作室要建立成员考核、工作室考核机制，以最终的创新成果检验成员和工作室的工作业绩，工作室成员能进能退、能上能下。要对在职工创新工作室中取得创新成果的职工进行物质奖励和精神奖励。精神奖励可以提高获奖职工的责任感、使命感和职业成就感，物质奖励可以激发职工对于技术知识的渴望和学习热情，以此营造全体职工自觉努力学技术、学知识的良好氛围。

4. 职工（劳模）创新工作室的主要职责

职工（劳模）创新工作室的主要职责包括以下方面。

（1）组织技术攻关。积极围绕岗位、企业、行业技术难题和薄弱环节，有效开展技术攻关，提出合理化建议。

（2）加强人才培养。恢复、发扬师徒培养传统，制订培养计划和目标，实现高技能人才绝技绝活的代际传承；发挥辐射效应，定期举办有一定规模的培训班，传授技艺，为职工提供技术咨询、指导和服务，叫响“职工技术培训请到创新工作室来”的口号，着力培养知识型、技能型、创新型职工。每年培养青年技术骨干不少于2名，公开培训时间不少于40个学时。

（3）开展创新活动。组织技术革新、节能降耗、安全生产、管理创新、新标准研发推广等活动，注意提高创新成果的转化率和应用率，针对应用过程中存在的不足，及时进行改进和完善。每年制订创新计划；每三年至少有1~2项创新成果获得相关认定，并取得一定的经济效益和社会效益。

（4）扩大技术交流。拓展技术攻关、技术革新、技术协作平台，加强职工、企业、行业间的交流合作。定期开展技术大师讲坛活动，组织青年技能人才参加培训学习，举办技术推广交流会，总结推广高技能人才培养经验和新技术技能、特色操作法。每年开展技术交流活动不少于40个学时。

5. 如何建设好创新工作室

（1）充实创新内容。

职工（劳模）创新工作室的建立不是一个牌子，一个壳子，要有实质的研究和创新的内容。要通过创新工作室的带动，逐步形成职工学习技能、提升技能、勇于创新、善于创新的局面。创新工作室的内容通常有三项：一是开展课题研究。针对生产中的难题、瓶颈，通过立项，成立研发小组，开展课题项目的研究，并且要有相应的研发成果。二是开展技能人才培训，创新工作室通过课程设置、标准制定、教材编写等，以名师带徒、技术攻关、技术交流、专题讲座、新技术新工艺推广等手段，开展企业人才培训。三是推广先进技术和创新成果。创新工作室通过定期组织一定数量的公开课、培训讲座或教学研讨，总结推广先进技术、先进工艺、创新成果等，提升职工的技术水平。

（2）建立产研机制。

职工（劳模）创新工作室的建设，需要汇集行业、企业和院所等方面的专家、学者和技能领军人才，广泛开展技术交流和教学研究，为高技能人才培训、技术开发、解决关键性生产难题、绝活绝技和技能成果展示提供平台，要逐步完善产研结合的运行机制，形成固化、有效、完善的运行模式和机制。

（3）注重培养人才。

要围绕企业的创新驱动发展目标，秉承“人才强企业”的发展战略，拓展职工提升技能的广阔平台，创新工作室应采用项目制，对有潜力的年轻人，通过让其独立完成前期调研、项目申请、运行和总结的全程运作，培养和锻炼一批年轻的科技创新人才，达到上一个项目聚集一批人才，完成一个项目培养一批人才的目的，实现人才使用和培养的统一，逐步建设起一支充满生机与活力的创新队伍。

（4）建立职工创新体制与机制。

要积极建立职工创新体制和机制，通过制度建设将职工创新工作作为工会的一项重要工作。创新需要持续性，只有加强制度建设，形成职工创新的体制和机制，才能有效推进职工创新工作。通过建立职工创新品牌，加大职工创新奖励，全面提升职工队伍整体素质。

（二）积极开展劳动竞赛

1. 劳动竞赛的概念

所谓劳动竞赛，又称社会主义劳动竞赛，是为了充分发挥劳动者的积极性、主动性和首创精神，鼓励职工积极投身于经济建设的一个重要方法。开展社会主义劳动竞赛，可以增强广大劳动者的集体主义精神，创造和推广新的生产技术和操作方法，改善劳动组织，发挥劳动者的积极性和创造性，对于提高劳动生产率，提高社会主义经济效益，完成和超额完成国民经济计划，有着巨大的推动作用。

2. 劳动竞赛的发展历史

第一阶段（产生阶段）：中华人民共和国成立初期，职工为了“医治”战争给经济社会发展带来的创伤，迅速恢复国民经济，开展了以清查仓库、献纳器材、修复机器、恢复生产等为内容的生产运动。

第二阶段（发展阶段）：抗美援朝期间，职工发扬国际主义和爱国主义精神，开展了以增产节约为内容的劳动竞赛。第一个五年计划时期，鞍山钢铁公司工人发起了技术革新、合理化建议运动，标志着劳动竞赛发展到以提高技术、学习掌握新技术为内容的新阶段。仅 1954 年一年，全国提出合理化建议的职工人数就有 58 万多人，提出合理化建议 848 万多件。1956 年，在毛泽东同志的倡议下，一个波澜壮阔的先进生产者运动在全国范围内蓬勃兴起，促进了第一个五年计划的提前完成。1958 年，工人群众提出了“比先进、学先进、赶先进”的竞赛口号。

第三阶段（成熟阶段）：1959 年 10 月，中共中央召开全国工交、基建、财贸战线社会主义建设者先进集体和先进生产者代表大会，决定把“比先进、学先进、赶先进、帮后进”作为劳动竞赛口号。随着竞赛运动的开展，许多工人群众认为劳动竞赛不仅要比先进、学先进、赶先进，还应当超过原来的先进，中共中央肯定了工人群众的这种首创精神，形成了以“比、学、赶、帮、超”为内容的劳动竞赛，有力地促进了国民经济的调整和社会主义建设的发展。

第四阶段（深化发展阶段）：随着社会主义市场经济体制的不断深入发展，社会主义劳动竞赛也随着企业的实践而不断创新，当前，社会主义劳动竞赛包括各种形式的岗位练兵和不同规模的技能大赛等，这些劳动竞赛各具特色、各有创新，有力地推动了企业生产发展和职工劳动技能提升。

3. 开展劳动竞赛的流程

（1）成立机构，加强组织协调。通常劳动竞赛要成立以党政工及有关部门负责人参加的劳动竞赛领导小组，其主要职责是：研究确定竞赛方式、内容和目标，制定竞赛规划，审议竞赛预决算，决定竞赛考核和奖励办法，审议表彰优秀单位和个人等。劳动竞赛领导小组下设办公室，负责竞赛的日常组织、管理、协调等具体工作。

（2）调查研究，制订竞赛方案。劳动竞赛办公室认真开展调查研究，准确把握企业生产发展战略以及生产经营的重点、难点和关键点，提出具有针对性、群众性、时效性、操作性和激励性的劳动竞赛指导思想、目标、内容、形式、措施要求及考评奖励办法，并按照有关规定落实竞赛经费。

在这一环节中，确定竞赛内容是重点，通常劳动竞赛的内容涉及四个方面：一是围绕企业发展战略，以加快企业转型升级为重点，以优化结构、开发新品、开拓市场、改善质量、提高自主创新能力为主要内容，目标是提高企业发展的质量、效益和水平。二是围绕具体生产任务，以提质增效为主要内容，目标是提高企业生产质量。三是围绕节能减排，以对标找差、对标挖潜、对标升级、减少能源消耗和污染排放为主要内容，目标是促进企业节能减排。四是围绕安全生产，以岗位安全达标、班组安全建设、企业安全文化建设为主要内容，以促进企业安全生产为目标。

（3）发布通知，宣传动员。要发布劳动竞赛的通知，并通过各种形式做好思想发动和舆论宣传工作，使各参赛项目和广大职工明确竞赛的目的、意义、目标、内容、措施、要求等，以饱满的热情积极参与到劳动竞赛之中。

（4）检查指导，解决问题。各基层单位在开展劳动竞赛的过程中，竞赛领导小组和办公室要定期或不定期地加强对参赛项目的检查指导，发现亮点，树立典型，协助解决竞赛过程中的困难和问题。

（5）小结交流，适时鼓励。时间安排较长的劳动竞赛，可以考虑按月或季度进行阶段性小结、交流和考核评比，通过建立流动红旗等方式，适时鼓励，使各参赛单位比学赶帮超，推动竞赛深入发展。

（6）考核评比，表彰先进。竞赛结束后，要及时进行考核评比，要科学合理地确定考核标准，并组织相关人员或专家团队进行专业考核，力求公平公正地评选出竞赛中的优秀集体和个人，并以其进行表彰。表彰奖励要坚持精神激励和物质奖励相结合，坚持向一线员工倾斜的原则，同时兼顾成果大小与奖励标准等，在职代会或全体职工大会上进行表彰。

（7）总结经验，宣传典型。竞赛结束后，要及时对竞赛进行全面总结，肯定成绩，找出差距，提炼出主要经验，并通过多种形式大力推广先进经验。

工作指引

劳动竞赛实施流程图

工作任务	工作程序及内容	负责部门	时间要求	相关资料
成立组织机构	提出劳动竞赛组织机构建议名单。通常劳动竞赛委员会由党、政、工领导及相关各部门负责人组成。竞赛办公室设在工会，办公室由相关部门联合组成，竞赛日常工作由工会、人力资源部共同负责	工会	3～5天	劳动竞赛组委会名单
制订活动方案	根据企业实际，制订劳动竞赛活动安排方案。把劳动竞赛与企业发展创新重点相结合，确定劳动竞赛主题，并确定开展劳动竞赛的内容、形式、重点、考核标准及奖励办法。方案需报劳动竞赛委员会审核，由委员会审批后下发	工会	10天	关于劳动竞赛的工作方案
组织落实	文件下发后，各相关部门、基层单位根据竞赛活动安排实施，结合本单位工作实际，制订具体的实施方案，落实责任，组织开展	各参与单位	60天左右	

续表

工作任务	工作程序及内容	负责部门	时间要求	相关资料
指导检查	劳动竞赛委员会及时了解掌握各基层单位开展劳动竞赛的情况，结合企业实际，按照考核标准，深入基层指导和检查劳动竞赛开展情况	工会	劳动竞赛委员会	即时
考核	各基层单位按照考核要求，进行自查和总结，并将相关材料上报竞赛委员会	各基层单位		关于劳动竞赛的总结
	竞赛委员会组织相关人员或专家对竞赛结果进行考核	竞赛委员或相关专家		关于劳动竞赛的考核办法及结果
表彰奖励	竞赛办公室根据考核结果，收集整理拟表彰的先进集体、先进个人材料，起草表彰决定，筹备表彰大会	竞赛办公室		关于劳动竞赛表彰奖励的决定
总结交流	对劳动竞赛进行总结，并通过网络、信息、期刊等进行典型宣传报道	竞赛办公室		

4. 加强新形势下的劳动竞赛创新

组织广大职工开展劳动竞赛，是中国工会的优良传统。那么，在当前新的形势下怎样科学地运用好这个载体来充分调动、保护、发挥好广大职工的积极性和创造性，是各级工会组织面临的新课题。

5. 当前开展劳动竞赛面临的困难及原因

劳动竞赛一直以来受到各级党政工组织的重视，然而随着形势的发展，特别是社会主义市场经济体制的逐步建立和完善，劳动竞赛面临许多新情况、新问题，目前主要表现为职工对参加劳动竞赛的积极性不高、要求不强烈、参赛面不普遍。

究其原因，一是认识偏差，有的人认为劳动竞赛是计划经济时代的产物，现在强调的是人本管理，追求的是经济效益，搞劳动竞赛不合时宜；二是劳获分离，对在劳动竞赛中的有功人员物质奖励甚微，精神鼓励不多，劳动竞赛缺乏必要的内在动力；三是流于形式，有的企业搞劳动竞赛只注重形式，却没有深入开展工作，导致竞赛工作肤浅空洞。

6. 创新理念，赋予劳动竞赛新活力

在新的形势下开展劳动竞赛，要突出重点，大胆创新，这样才能激发广大职工的参与积极性。

（1）抓住三个层面。即在竞赛中抓住劳动者、管理者和监督者三个层面。竞赛的主体是劳动者，没有劳动者积极参与的竞赛是没有生命力的。要启发劳动者的觉悟，抓住劳动者最关心而又是企业迫切需要解决的问题，把竞赛转化为职工的自觉行动。管理者要把现代化的科学管理方法和手段引进到劳动中竞赛，把劳动者的注意力吸引到关心企业、搞活企业上来。监督者要通过监督机制来确保竞赛活动的公平、公开、公正。

（2）把握三个结合。首先，劳动竞赛要与企业的生产经营活动有机结合起来。劳动竞赛必须贴近企业的实际，把劳动竞赛的成果体现在企业的生产经营活动中，体现在提高经济效益和社会效益上。其次，劳动竞赛要与中心工作有机结合起来。劳动竞赛可以涵盖的活动内容比较丰富，要真正取得实效，必须紧扣中心工作，按照党政不同阶段的中心工作确定劳动竞赛活动的重点或主题，为中心工作服务。最后，劳动竞赛要与职工素质工程有机结合起来。要通过群众性岗位技术练兵、技术比武等活动，提高职工的岗位技能；要通过引导职工树立继续学习、终身学习的理念，不断提高职工学习知识的能力、运用技术的能力、改革创新的能力。

（3）实现三个转变。通过劳动竞赛，要努力实现企业、职工和机制的“三个转变”。一是发展模式由速度型向效益型转变。传统劳动竞赛由于受计划经济的影响，往往把眼光盯在产量、数量、速度上，在市场经济环境下，生产经营要围绕市场转，劳动竞赛也必须跟紧市场，瞄准市场变化来开展。各行各业在开展劳动竞赛过程中，要以质量、技能、安全、效益、管理、文明等综合目标的评价来比高低。通过竞赛，促使企业由速度型向效益型转变，行业由大向强转变，服务由以我为主向以人为本转变。二是职工素质结构由体力型向智力型转变。在新形势下，职工要适应社会主义市场经济发展和科技日新月异进步的要求，不断加强学习，争取用丰富的科学文化知识充实自己。三是激励机制由以精神激励为主、物质奖励为辅向精神、物质奖励并重转变，实现精神激励与物质奖励的统一。这既体现了市场经济的原则，也是劳动竞赛能始终保持旺盛生命力的关键。

7. 创新竞赛体制机制，提高职工参与积极性

（1）强化竞赛组织机制。工会要注重整合各方力量，摆脱工会唱“独角戏”的局面。建立“党政重视、职能部门设计、工会组织发动、职工广泛参与”的整体式推进格局。党政要重视劳动竞赛工作对于推动企业发展与职工素质提高的重要性，确保经费投入，并制定配套的奖励和激励政策。职能部门要参与劳动竞赛的方案设计，由职能部门根据企业发展方向、工作重心及项目重点，帮助设计出与企业发展重点相适应的竞赛项目和比赛规则。工会要最大限度地调动职工群众的主动性和积极性，组织职工参与大赛，并负责大赛的整个组织工作。

（2）丰富竞赛的内容和形式。要围绕中心定内容，技能竞赛要与企业规划、计划、年度目标有机结合起来，一年一个主题，但主题的确定要围绕中心，服务大局，要力求使大赛成为推动和促进企业科学、协调、可持续发展的重要载体。

劳动竞赛的内容具体来说，可以有以下几个方面。

促生产竞赛：包括 KPE 目标实现、计划准确率、日小时均衡达标率、劳动生产率、准时化生产等。

员工技术创新竞赛：包括员工创新技术水平和能力、创新创效、产品研发竞赛、研发新品、重大技术攻关、缩短设计周期、降低设计成本、提

高设计效率等。

重点项目竞赛：包括优质高效、成本控制等、项目创新等。

市场营销竞赛：包括开拓市场、争取订单、增加销量、提高回款、经销商满意度、用户满意度、产品发交等。

管理贯标竞赛：包括各项指标的水平提升超越、新标杆新标准的树立和确定等。

管理服务竞赛：包括专项创新、价值提升、效率提升、一线满意度等。

安全生产竞赛：包括安全改善、KYT、SES、现场安全改善、现场本质安全提升、潜在危险因素排除等。

降本增效竞赛：包括降成本关键目标达成、成本管理指标提升、岗位降成本改善创新、节约意识的养成等。

质量提升竞赛：包括质量攻坚目标、质量改进任务计划的完成、质量指标和控制水平、工序质量指标达成率、质量问题点整改率、质量零缺陷、工艺纪律遵守等。

设计劳动竞赛前，工会要开展大量的调查研究，要了解企业发展的战略重点或发展瓶颈，同时，要了解职工的所思、所想及职工对于企业发展的建议和意见。竞赛主题及内容的设计应该尽量满足调查研究确定的重点。大赛内容可以涉及生产建设、市场开拓、生产组织、降本增效、安全生产、合理化建议、技术改造、技术攻关等多个方面。竞赛既可以围绕经济中心开展，又可以向政治、社会、文化、生态领域拓展，内容要根据企业重点来确定。当企业产品质量出现问题，就以提升质量作为主题；产量上不去，就以增加产量为题；创新不够，就以创新发明为主题。大赛的主题和内容应完全与企业生产紧密结合，也应与每个职工的岗位相结合，使每个职工都有参与感。

（3）完善奖励和激励机制。随着市场经济的深入发展，劳动竞赛要改变过去以精神奖励为主、物质奖励为辅的模式，建立一套持续、有效的激励和奖励机制。奖励除了一次性物质或奖金奖励之外，还要考虑与薪酬福利挂钩，甚至与职位晋升、培养深造、未来职业发展相挂钩，这样才能引领所有职工学技术、拼技术。另外，工会要注重精神奖励的方式创新，例如，通过制作技术明星榜、技术能手报告会、命名创新室等多种方式，实现典型引路，宣传技术能手，带动全体职工的目的。

（三）师带徒制

1. 什么是师带徒制

师带徒制就是师傅带领徒弟，师傅以自己的技术、经验和能力，带着徒弟尽快成长。企业推广师带徒，就是聘请管理或技术人员、高级技能人才担任导师，充分发挥其经验、阅历和技术与技能优势，与新入厂的青年职工一对一签订带徒协议，企业制定考核机制，对徒弟学习计划完成情况和整体技能素质提升情况进行考核和奖惩，从而促进师徒联合攻关，更好地培育新人。

随着职业教育的发展，师带徒制已经成为一种现代学徒制，在传统学徒培训的基础上，西方有关国家实施了将传统学徒培训方式与现代学校教育相结合的一种“学校与企业合作式的职业教育制度”，是对传统学徒制的发展。从广泛意义上看，二战后出现的以德国“双元制”、英国“现代学徒制”、澳大利亚“新学徒制”等均是现代师带徒制的典型。也就是说，适应现代经济与社会需求，以校企合作为基础，纳入国家人力资源开发战略的学徒制形态都是现代学徒制。这种职业教育制度很好地实现了企业培训和学校教育相结合（校企合作）、受教育者的工作和学习相结合（工学结合），能有效地帮助学习者学习知识、训练技能、积累工作经验和养成职业态度，适应了现代经济社会发展对技术技能型人才的需要，因而得以迅速推广。

随着现代职业教育的发展，现代师带徒制成为解决教育与就业的矛盾。促进职工职业技能提升的重要形式，也是很多发达国家通用的职业培训模式。以精工制造业享誉全球的瑞士，其产品大到机床，小到手表，无不以其完善的设计、实用的性能以及精美的内外质量吸引消费者。而这主要得益于瑞士传承至今的“师带徒”。德国的产品之所以称雄世界，除了设计新颖外，还在于产品精良。这主要得益于工人高超的技能。在德国，制造师并不比工程师待遇低，青年把选择职业教育作为掌握技能的门槛，而拜名师则是他们成为制造师的捷径，师带徒制遍布各个领域。德国政府规定，任何企业每拥有15名工人必须招收1名学徒，否则将被处以罚款。这充分说明，德国政府高度重视对学徒工的培养。产品闻名于世的日本、英国、法国、意大利、俄罗斯等，师带徒制至今仍然是对技能工人进行在职教育的主要途径，这几个国家的共同特点是把“师带徒”作为职业技术教育的延伸和补充，作为提高操作工人素质的重要手段，也作为考评工人劳动技能、确定劳动报酬的重要依据，以此来激励技术工人不断提高技能，终身学习。

在对基层制造型企业调研时我们也发现，很多一线工人反映师带徒制是他们最欢迎的学习方式，这也足以证明师带徒制对于现代职业教育的重要意义。

2. 师带徒制的实施

（1）师傅的选聘及职责要求。

师傅通常要求具有以下资质：师带徒在本专业领域具有丰富的实际工作经验及良好的职业道德和工作作风；负责培养初级工的师傅应具备高级工及以上技能等级；以培养中级工为目标的师傅应具备技师及以上技能等级，或为具有中级以上职称的专业技术人员，或具有各级“技术能手”荣誉称号；管理岗位上的师傅应是具备中级以上职称的专业人员。为保证“传、帮、带”的效果，一个师傅一般带1~2名徒弟。

师傅的职责要求包括：传授实际生产管理所需的普通技能；传授技术攻关和高难度生产任务所需的绝招绝技；传授优良的职业道德和工作作风；传授安全生产知识，在培训过程中保证徒弟的人身安全和设备安全；关心爱护徒弟；完成《师徒协议书》里规定的各项任务。党员师傅要做到“五带”，即带思想、带作风、带安全、带技能、带业绩。

（2）徒弟的确定及职责要求。

在生产管理岗位上，通常企业要求未达到相应岗位技能要求的人员，例如复转军人、新进员工等，在正式上岗之前，应先接受师傅的指导。对徒弟的职责要求包括：尊重师傅；勤奋学习专业理论知识，刻苦钻研实际操作技能；在学习过程中，保证自身人身安全和设备安全；完成《师徒协议书》里规定的各项任务。

（3）师徒关系的确定。

企业工会应与人力资源部门共同制定关于现代师带徒制的相关规定，并经职代会审议通过，成为职工培训的重要方式之一。师傅及徒弟的资格要经制定规定的领导小组认定，通常新进员工在分配到班组后半个月内，由班组长与其协商后指定师傅人选。师徒在协商一致的基础上以书面形式签订《师徒协议书》，《师徒协议书》包含传授内容、职责与义务、协议期限等内容。

（4）现代师带徒制的管理。

现代师带徒制作为现代职业教育和职工培训的一种重要形式，通常由人力资源部、工会等联合推进，人力资源部门要制定相关制度，工会经过职代会审议通过；人力资源部门负责师徒协议的签订、日常相关待遇的落实，工会负责学徒的相关权益维护及职业发展。人力资源部门负责日常考核，工会负责总结评优，宣传典型。

（5）考核鉴定。

企业通过成立由人力资源部门、工会、生产部门及安保部门等共同组成的考核小组，负责对师带徒制的学习培训情况进行考核鉴定。考核可采取月考核、半年小结和年度鉴定相结合的考核制度。每月师傅对徒弟进行一次技能测定（理论考核或实际操作）；各单位每半年对师傅的执教及徒弟的技能学习情况等进行一次小结，将考核情况反馈给师徒；考评小组每年对徒弟进行一次技能考核；徒弟出师前要进行一次综合性出师鉴定，即通过生产管理人员考试考核、职业技能鉴定、专业技术职称评定、工作绩效评估、思想作风评价等综合指标进行鉴定。

考核小组在经过考评后应出具鉴定意见，意见分为：优秀出师、合格出师、延期出师、不予出师。出师标准为：徒弟刻苦钻研岗位技术，敬业爱岗、尽职尽责，遵章守纪，勤学好问；掌握岗位操作规范，模范遵守规范制度，达到协议内传授内容的要求；熟练掌握本岗位的技术要求，并要通过本岗位技术测定，取得相应的职业技能鉴定或专业技术职称，或在原来的技能等级（水平）的基础上提高一个等级或一个层次。

三、优化职工技术技能素质建设环境

（一）工会加强职工技术技能素质建设的原则

1. 发挥企业的主体作用

企业是培养和使用技能人才的主体。政府应把掌握的职工技术技能素质提升资源合理地用到企业中，把技能人才工作的出发点切实放到为企业服务上。

2. 搭建公共平台

在技能人才成长的各个环节，要积极构建公共服务平台，营造企业创新生态，为企业创造更为宽松的政策和服务保障环境。针对中小企业普遍缺乏培训资源和培训动力等问题，要积极发挥公共政策的作用，探索政府对企业开展职工培训进行扶持和帮助的有关政策。

3. 畅通人才成长通道

进一步推进技师、高级技师聘任制度，探索建立企业首席技师制度，推动企业技能人才多层次发展，形成贯通技能人才与工程技术人员的职业发展通道。

4. 建立有效的激励机制

完善激励保障机制，加强企业工资收入分配制度改革，使知识、技术、管理、技能等生产要素按贡献参与分配。

（二）如何加强企业技能培训

1. 构建技能人才培养的长效机制

企业只有围绕自身发展战略和高技能人才队伍培养目标，通过建立健全各项规章制度，采取各项措施，构建起长效的发展机制，才能保证高技能人才队伍建设在正确的轨道上健康发展。工会要加强与企业行政的沟通与协调，共同研讨制定相关的工作规划、纲要、办法、规定和指导意见等政策性文件，并通过职代会、年度工作会议、阶段性工作会议及具体的工作制度等，将技能人才培养相关工作加以政策落实，从而形成全面的关心、重视技能人才队伍建设的氛围和长效机制。

2. 不断地创新工作方法与载体

政策、制度、机制等都不是空中楼阁，它需要具体的方法、途径和载体来加以落实，来真正地发挥作用。除了企业人力资源部门应重视和开展技能人才培训以外，工会还可与人力资源部门共同创新各种新的方法与载体，例如，职工岗位大练兵、职工技能竞赛、职工（劳模）创新工作室建设、金蓝领评聘制度、技师带徒等，这些都是推动企业技能人才成长的具体有效的方法与载体。

3. 为技能人才成长发展搭建平台

要想真正在企业营造尊重技能人才、发挥技能人才作用的氛围，就要考虑为技能人才的成长成才和健康发展搭建好的平台，配套相应的激励机制。一是为技能人才搭建展示技能的舞台，给予其工作的成就感和价值感。二是为高技能人才搭建培养人的平台，使高技能人才发挥更多更大的作用，对技能人才的培养和成长起到引领和带动作用。三是为技能人才成长发展搭建良好的制度和政策环境，使高技能人才能够有稳定的工作岗位、体面的劳动收入、有尊严的社会地位。

4. 强化企业在职工技能素质建设中的主体责任

企业是生产经营活动的组织者，最接近职工、最了解职工包括技能素质提升在内的一切诉求，如何提升职工技能素质，企业最有发言权，所以企业应当自觉承担起职工技能素质提升方面的主体责任。工会作为职工权益的维护者和代言人，要加强与企业的沟通和协调，同时，利用职代会、厂务公开、工会监督等职能，推动企业主体责任的落实。在职工技术技能素质提升方面，工会既不能不为，也不能越位。

（1）将职工技能素质提升融入企业的日常生产，与车间班组的精细化管理合二为一，走出以往那种将技能提升等同于单独搞几场练兵比武活动的误区，使之转型为常态化。

（2）在坚持师带徒等技能提升传统做法的同时，在现代化程度较高的企业应大力推广仿真培训，加大对仿真实训软件开发、仿真实训基地建设的投入力度，紧密结合生产工艺流程要求，构建“计算机仿真平台+真实机器设备”的实训模式，使一线职工在生产岗位克服工学矛盾，在动脑、动手中提高理论水平和实践能力。

（3）在薪酬分配上应体现出技能对工资待遇的影响程度，根据技能掌握情况特别是利用技术解决生产实际难题的贡献大小，适当拉大工资级差，通过较明显的激励效应提高职工学技术的积极性。

（4）宣传部门要大力宣传“劳动创造世界、技术支撑产业”的时代价值，选树一批模范典型，传递技能报国、争当技工的正能量，合理引导人们的价值观、成才观，让全社会尊重技术劳动和技能人才。

（三）发挥职工技协在提升职工技能素质中的作用

职工技术协会是在工会领导下的热爱职工技协活动的科技人员、能工巧匠和管理人员组成的群众性科技性社会团体，其主要任务之一是坚持提高职工科技素质，推动企业技术进步，促进科技成果转化为现实生产力。在过去长期的职工技协的活动实践中，技术培训、技术交流、技术创新、技能大赛等，都为促进科技进步、推动经济社会发展发挥过重要作用。因此，各级工会组织应完善职工技协这一职工群众性组织，充分发挥其在提升职工技术素质中的作用。

1. 加强技协组织建设工作

各级工会组织应根据当地和企业的实际情况，加快职工技协组织的发展和建设步伐，积极组建各级职工技协组织，把职工中的高技能人才、劳动模范、科技人员、能工巧匠、技术能手、操作能手等组织到职工技协组织中来，把职工技协建设成为职工岗位上学技术、用技术、钻研技术、发明技术的组织，不断提升职工的科技素质，提高职工技术技能，推动企业技术进步，推进企业产业升级和创新发展。

2. 充分发挥职工技协的职能

职工技协的职能主要表现在以下几个方面：一是组织实施。要充分发挥职工技协在参与制订职工技能素质提升计划、规划中的作用。职工技协应全程参与制定和实施具体的职工技能素质提升规划，从而营造提升技能素质的教育培训机制、工作创新机制、激励机制，营造良好的尊重人才的环境氛围。二是带动示范作用。在职工技协的计划、组织安排下，职工技协会员、能工巧匠、技术骨干要充分发挥提升职工技能的带动示范作用，引导职工建立终身学习的理念，在工作中学技术，在学习中钻研业务，不断提高职工的技能水平和职业技术等级。三是协作交流作用。由职工技协组织职工参加技术交流、岗位练兵、技术培训、绝技传授、先进操作法推广、名师带徒、一帮一等技术交流和协作活动，促进职工技能水平的提升。

3. 落实好职工技协的各项工作

（1）摸底建立职工技协人才库。摸底建立职工技协人才档案，内容包括：职工的基本情况、职业技能情况。基本情况包括职工的姓名、性别、文化程度、工作时间、工作岗位、技术等级；职业技能情况包括职工参加专业培训、技术攻关、技术协作、提合理化建议、技能等级晋升计划、对提升技能的要求、参加技术交流、技术协作的态度和能力等情况。通过摸底建立职工技协和技术工人技能人才库，把符合条件的技能人才组织到职工技协中来，在职工技能提升活动中更好地发挥骨干带头作用。

（2）建立培训机制。职工技协要根据企业和行业发展需要，产业调整、产品更新换代的需要，结合职工个性，以新知识、新技能开发为方向，开展以提高职工职业技能等级为主要目标的专业培训。培训的内容应紧密结合岗位技能，以新工艺、新技术、新信息、新知识、新方法的应用为重点，把培训成果应用于企业建设，实现培训内容的创新。培训形式可以有培训班、研修班、专题技术讲座、专项技能分析等。

（3）组织开展群众性的经济技术创新工作。职工技协要在促进企业发展中发挥骨干作用。要面向市场，对外研究社会需求，市场变化；对内要发动广大技协会员，紧紧围绕企业生产技术关键和薄弱环节，将群众性的合理化建议和小发明、小创造、小革新、小设计、小建议“五小”活动不断引向深入。同时，围绕企业技术改造和技术开发，努力开拓活动领域，消化吸收国内外的先进技术，开展关于新产品、新工艺的技术攻关活动。

（4）搭建技术创新成果推介平台。广泛开展技术创新成果推介展示活动，组织职工积极参加国家科技进步奖活动，参加科技活动周、国际国内举办的发明成果展，充分展示技术工人的发明创造和科技成果，推动职工创新成果转化为现实生产力。

（5）推动技术工人的技能晋级。职工技协参与推荐具备高技能水平的职工参加技术等级考评；推荐在企业中解决技术难题的职工以及在技术创新、技术改造、发明创造中有重要和突出贡献的职工获得高级职业资格证书；鼓励现有技协会员参加技师、高级技师的考试，以此激发职工的求知欲和求进欲。

快速阅读

技术技能素质建设的载体和要求

序号	载体	工作要求
1	职工(劳模)创新工作室建设	(1) 充实创新内容，有创新课题； (2) 建立产研机制，促进创新能力提升； (3) 注重培养人才，发挥创新室培训职工的作用； (4) 建立创新成果孵化和转化机制
2	创新新形势下的劳动竞赛	(1) 强化竞赛组织机制，搭建"党政重视、职能部门设计、工会组织发动、职工广泛参与"的工作格局； (2) 丰富竞赛的内容和形式，围绕中心，服务大局，使大赛成为推动和促进企业科学、协调、可持续发展的重要载体； (3) 完善奖励和激励机制，除了物质奖励外，还要考虑与薪酬福利、职位晋升、培养深造、未来职业发展等相结合
3	师带徒制度	(1) 师傅的选择，要求具备一定的专业技能，同时明确师傅的职责； (2) 确定徒弟的范围，同时对徒弟的职责给予明确； (3) 要通过相应的规则或程序确定师徒关系； (4) 要有师带徒的相应管理制度； (5) 要对师带徒的结果进行考核
4	发挥技协作用	(1) 建立技协人才库； (2) 依托技协建立培训机制； (3) 依托技协开展"五小"发明等经济技术创新活动； (4) 搭建技术创新成果推介平台； (5) 推动技术工人的技能晋级

第七章 增强职工民主法治素质建设

职工的民主法治素质是广大职工维护自身权益，以合法理性的方法和手段争取权益的基本素养。作为主要社会群体的职工来说，职工的法律素质，职工学法、用法、守法、护法的观念与习惯在某种程度上决定着国家的法律进程，决定着整个社会法治化发展水平，决定着国家依法治国方略的实施程度。

一、提高职工参与民主管理的素质

（一）什么是职工参与民主管理的素质

1. 职工民主管理的概念

职工民主管理，又称企业民主管理，是指职工依照有关法律法规和相关的规定，参与企业民主管理、决策和监督的过程。在基层企事业单位实行的职工民主管理，从本质上说是属于民主的范畴，是微观上的民主，也是我国的民主政治在基层的要求和反映，更是法律规定的社会主义民主的重要组成部分。

2. 什么是职工参与民主管理的素质

职工要较好地参与民主管理，依法享受民主管理的权利，履行参政议政的义务，必须具有如下几个方面的素质。

（1）正确地理解民主管理的内涵。

要行使好民主管理的权利，必须正确地理解民主管理的内涵。民主管理主要包括以下三层含义。

一是民主管理的民主性。民主管理首先是民主政治学的概念，是社会主义民主在基层的要求和反映。在我国，民主管理这一概念的提出始于新中国成立前。在当时的解放区，随着社会经济的发展逐渐有了新型的企业，关于企业管理的模式也出现了争论，于是就有了民主管理企业的概念。1949 年年初，在西柏坡召开的七届二中全会上，党确立了“全心全意依靠工人阶级”的重要指导思想根本方针，以职工代表大会为主要形式的民主管理制度成为落实党的根本方针的主要手段和抓手，在当时也确实起到了很好的作用。自此以后，在历届党代会的报告和文件中，必然有“加强基层民主建设，落实以职代会为基本形式的民主管理制度”这一表述，职工参与民主管理成为基层民主建设的主要形式。

二是民主管理的管理性。民主管理不仅是民主政治学的概念，更是先进的管理学思想，是现代企业管理的题中应有之义。现代管理学的鼻祖是美国的管理学之父泰勒，泰勒的伟大之处是将企业由经验管理提升为科学管理，其倡导以科学的思想、科学的方法、科学的手段进行企业管理，使企业生产效率得以极大提升。但泰勒的管理学是基于“经济人”假设的，即人都是消极和怠惰的，需要以“胡萝卜加大棒”的方式进行管理，于是出现了 20 世纪 30 年代美国卓别林电影《摩登时代》中的“悲惨世界”。

二战以后，随着产业结构的调整、科学技术的发展及世界先进管理思想的互通，人本主义的管理理念风靡全球，企业开始提倡以人为本，提倡自我参与管理，从根本上调动人的内在主动性和积极性，于是，职工参与民主管理作为管理学的重要突破开始在各个国家得到应用。

因此，民主管理是一种先进的管理思想。无论是工会干部也好，职工也罢，都要有相应的责任感和使命感，即职工民主管理不仅是在落实社会主义民主政治的权利，同时也参与企业管理，是职工凭借自己的智慧和能力与管理者一同推动企业的良性发展。

三是民主管理的有限管理性。企业民主管理是职工依法参与企业管理的活动，但是管理的事项必须是在其职权范围内的，超出其职权范围审议通过的决议和事项并不具有约束力。同时，企业民主管理必须是依照法定程序进行管理，企业民主管理中违反法定程序审议通过的决议和事项也是不具有约束力的。

（2）树立参与民主管理的意识。

职工民主管理的主体应该是职工，职工通过参与企业的管理、决策和监督，发挥主人翁的责任感，提升自身参与企业管理的水平，从而推动企业和谐健康发展。因此，职工有积极参与民主管理的意识是企业开展好民主管理工作的前提，有意识，才能有热情；有积极性，也才能有能力，有效果。

然而，现实中很多职工的民主参与意识还不是很强，其主要体现在两个方面：一是无意识，很多职工更多关注自己的切身利益，尤其是经济利益，其他的事情对他们来说无所谓。二是无热情，市场经济条件下，职工的职业流动性加强，导致部分职工对企业的归属感降低，也不愿意参与管理，特别是一些新生代青年职工对于以职代会为基本形式的民主管理表现出冷漠和不屑。

（3）培养参与民主管理的能力。

职工参与民主管理状况在企事业单位中发展得参差不齐，有些单位的职工民主管理成为现代法人治理结构的重要组成部分，成为单位管理的有机组成，成为单位沟通的重要渠道，对于促进企业和谐发展起到了重要作用。而有些单位却效果不理想，管理者都抱怨以职代会为基本形式的民主管理没什么大作用，而职工更是抱怨民主管理走形式，走过场，没有实际作用。

对于民主管理中出现的问题，究其原因，除了有些管理者不重视企业民主管理外，与职工的民主管理能力也不无关系。职工或消极待之，认为这是花架子，从而缺乏参与的热情，不努力提高自己参与民主管理的能力；或过于理想化地希望通过民主管理解决一切问题，甚至“当家做主”，而不能正确地看待和运用这一制度；或参与能力不够，参政议政的质量欠佳，管理者认为效果不理想，热情褪去，不再那么重视。

职工参与企业民主管理具有以下特点：首先，职工参与企业民主管理是《宪法》《劳动法》《工会法》等法律法规保障的一项法定权利。其次，职工参与企事业单位管理的权利不能代替管理者进行管理，参与权的实现需要职工和管理者之间协调与合作，特别需要管理者的配合，否则难以实现。再次，职工是以职工身份而非股东或其他身份行使管理权，应注意职工参与权与股东管理权是两种性质不同的权利。最后，职工民主参与的内容虽然主要是与职工利益密切相关的职工福利、劳动保护、工资待遇等，但也不仅限于此，应包括企事业单位管理的方方面面。

因此，要强化职工的学习意识，提高职工自身素质。为适应不断发展变化的工作需要，工会成员必须具备较高的思想政治素质、政策理论水平和专业技能素质。思想是否稳定关系到企业的生产发展和社会稳定，政策理论水平决定了职工参与企业民主管理的能力，过硬的技术和良好的专业素质是职工适应企业发展的关键。同时，通过强化职工的学习意识，可以培养职工敢于与不正之风作斗争的品质和客观、独立、公正的态度。所以，工会干部要不断学习，努力加强自身建设，丰富自己的思想内涵，同时激发职工的学习热情，努力实现有效推动企业发展的目的。

（二）提高职工参与民主管理素质的重要性

1. 提高职工参与民主管理素质是行使法律赋予权利的基础

《宪法》对职工参与民主管理有明确规定。《宪法》第十六条、第十七条规定，国有企业依照法律规定，通过职工代表大会及其他形式，实行民主管理。集体经济组织依照法律规定实行民主管理，由它的全体劳动者选举和罢免管理人员，决定经营管理的重大问题。

我国的劳动法律对职工参与民主管理也有着明确的规定。《劳动法》第八条规定：劳动者依照法律规定，通过职工大会、职工代表大会或者其他形式，参与民主管理或者就保护劳动者合法权益与工人单位进行平等协商。《工会法》《公司法》《全民所有制工业企业法》《企业民主管理规定》等也对职工参与民主管理进行了规定。

我国的法律体系已经为保障职工参与民主管理提供了层层保障，也对提高职工民主管理素质提出了更高的要求，只有职工的民主管理素质提高了，才能真正发挥我国劳动法律的制度作用，保障职工参与企业管理的民主权利。

2. 提高职工参与民主管理素质有利于构建和谐劳动关系

提高职工参与民主管理素质对于推动和谐劳动关系建设的作用主要表现在以下几个方面：首先，通过提高职工参与民主管理意识，能够提高企业民主管理议案的质量，职工可以通过民主管理维护自身合法权益。职工通过积极参加与企业民主管理有关的讨论，能够对企业的发展规划、经济运行方案、重大方针策略和关系职工切身利益的重大事项提出自己的意见，提高了相关议案的科学性。其次，通过提高职工参与民主管理意识，能够增强职工代表履职意识，维护职工合法权益。通过职工代表为企业建言献策，共同探讨交流，反映真实情况，维护职工合法权益。最后，通过提高职工参与民主管理意识，能够充分发挥企业民主管理的作用，增强劳资沟通，促进企业和谐劳动关系。

3. 提高职工参与民主管理素质有利于提升企业管理水平

企业民主管理是一种现代企业管理制度和管理方式，拥有两个方面的作用：一是促进企业发展；二是提高职工发展。企业民主管理通过融合民主与管理，将企业的利益和职工的利益统一起来。通过提高职工参与民主管理素质，能够增强企业管理中职工的素质，有利于进一步形成企业发展合力，有利于企业的发展壮大。

（三）提高职工参与民主管理素质的途径

提高职工参与民主管理的素质，主要是通过对职工代表的培训来实现的。职工代表是职工依据相关的规定选举出来的优秀代表，他们将代表职工参加以职代会为基本形式的民主管理活动，工会要通过对职工代表的培训，提高职工代表参政议政的能力和民主素质，促进企业民主管理的改善，进而带动整个职工队伍民主管理素质的提升。

1. 职工代表培训的规划

职工代表的民主素质既决定着企业民主管理作用的发挥，也关系着整个职工队伍的民主素质水平，因此，职工代表的培训很重要。要确保职工代表培训的有序、深入进行，就要做好职工代表培训的计划和规划。计划或规划的制定应注意以下几个问题。

（1）在计划或规划中，明确职工代表培训在整个企业培训中的地位与作用，确保职工代表培训的如期有效落实。要将职工代表的培训纳入到保障企业培训的整体规划中，使职工代表培训工作能够在时间、场地及资金上得到保障，只有这样，职工代表培训才不至于有时间就搞，没时间就不搞。

（2）通过制定规划，科学地研究职工代表培训的内容。制定职工代表培训的计划或规划，要充分考虑整个企业的发展战略和规划、企业党建和民主政治建设的要求、职工代表的整体水平状况等，科学地研究职工代表培训内容。要通过系统的内容设计，确保培训的效果和循序渐进。素质提升是一个过程，要通过系统的、不间断的培训，逐步提高职工代表的培训效果。

（3）通过制定规划，认真分析职工代表培训的形式。当前，大部分的职工代表培训是一次性的讲座形式的培训，培训效果是有限的。要在确定内容的基础上，根据内容的要求，有针对性地设计培训形式，通过讲座、讨论、辩论、模拟等方式来开展职工代表培训工作。

2. 职工代表培训的内容

职工代表培训的内容主要分为三个方面。

（1）党的方针政策和国家的法律法规。这是因为职工代表在审议企业重大决策、审查重要规章制度、审定企业工资福利等重要事项以及参与干部民主测评等工作时，都必须认真贯彻执行党的方针政策和国家有关法律规定。在培训工作中，对于涉及职工切身利益的劳动法律法规，一定要对职工进行认真专业的培训。只有这样，职工代表才能运用专业的精神和知识去参与审议，去参政议政。这类内容的培训一定要结合企业当前的重点工作及职代会的重点议题来设计，例如职代会要审议薪酬改革的问题，那么就要对薪酬专业知识和相关法律进行培训；职代会要审议休息休假制度，那么就要对劳动法律的相关问题进行深入培训。

（2）企业生产经营管理的相关知识培训。因为职工代表只有掌握企业生产经营管理知识，才能在审议企业重大问题时参得进、参得好。职代会上要审议的企业发展战略、生产经营计划，要审议通过的各项决议，无一不是企业生产经营管理的重要组成部分，因此，对职工代表进行企业管理知识的培训很重要。

（3）民主管理相关知识培训。职工代表大会和各项民主管理活动是按照一定程序进行的，职工代表只有熟悉这些程序，依照有关程序和规定参加民主管理活动，才能真正发挥作用、履职尽责。

3. 职工代表培训的方法

职工代表培训的方法通常有以下六种，在职工代表培训的过程中，要根据内容的需要，选择合适的、效果最好的培训方法。

（1）讲授法：属于传统的培训方式，优点是运用起来方便，便于培训者控制整个过程；缺点是单向信息传递，反馈效果差。常被用于一些理念性知识的培训。

（2）视听技术法：通过现代视听技术，如投影仪、DVD、录像机等工具，对员工进行培训。优点是可以运用视觉与听觉的感知方式，直观鲜明。但学员的反馈与实践较差，且制作和购买相关设备的成本比较高，内容却容易过时。视听技术法多用于企业概况、传授技能等培训内容，也可用于概念性知识的培训。

（3）讨论法：讨论法是比较复杂的培训方式。按照费用与操作的复杂程序可以分成一般小组讨论与研讨会两种方式。研讨会主要以专题演讲为主，中途或会后允许学员与演讲者进行交流沟通。讨论法讲解的培训信息可以多向传递，与讲授法相比反馈效果较好，但费用较高。如果采用小组讨论法在信息交流时进行多向传递，则可以提高学员的参与性，费用较低。讨论法多用于巩固知识，训练学员分析解决问题的能力与人际交往的能力，但是对培训老师的要求较高。

（4）案例研讨法：案例研讨法要通过案例来培训，让员工寻找合适的解决问题的方法。这一方式使用费用较低，反馈效果比较好，可以有效地训练学员分析解决问题的能力。另外，近年的培训研究表明，案例讨论的方式也可用于知识类的培训，且效果更佳。

(5) 角色扮演法：受训者在培训教师设计的工作情况中扮演其中角色，其他学员与培训教师在学员表演后作适当的点评。这种培训方式信息传递多向化，反馈效果好，实践性强，费用低。

(6) 互动小组法：让员工在培训活动中亲身体验，提高他们的能力。其优点是可明显提高其能力，但其效果在很大程度上依赖于培训教师的水平。

二、提高职工法律素质

(一) 职工法律素质的概念及意义

1. 职工法律素质的概念

职工法律素质是指职工知法、学法、用法的能力，其具体有两层含义：一是指职工的法律知识，即职工掌握的法律理论、法律规定等；二是指职工的法律意识和法律观念，即职工对法律的信仰、尊重和敬畏。职工在工作生活中要遵纪守法，遇到问题时，要相信能通过法律的渠道来解决问题，同时会运用法律手段解决问题。

2. 职工法律素质的意义

党的十八届四中全会提出“依法治国”的基本方略，工会的各项工作都要在法治的框架下来开展。工会要履行好维护职工合法权益的职责，必须主动依法维权。而依法维权、依法治会能否真正落到实处，在很大程度上取决于广大职工和工会干部的法律素质，取决于他们对法律的信仰，对法律的理解与掌握、遵守与运用。因此，提高职工的法律素质关系着国家法治化进程。

随着我国经济社会的发展和社会主义法治建设的推进，职工群众的权利意识日益增强，维权诉求日益强烈。但仍有一些职工对涉及自己切身利益的法律法规还了解不多，不懂得怎样通过合法途径来解决矛盾和纷争，规范意识和责任意识还不强，需要进一步提升其法律素养，提高他们遵纪守法的意识和依法维护自身权益的能力，依法表达利益诉求、解决矛盾纠纷的能力。

（二）提高职工法律素养的途径

工会提高职工的法律素质主要是通过法治宣传和教育来实现的。要借助“普法”活动、各类法治宣传及法律培训，循序渐进地提高职工的法律素养。

1. 职工法治宣传教育的内容

随着国家法治化进程的加快，国家的法治体系日益完善，对职工开展法治宣传和教育要有所侧重，有所倾向。其大致内容包括以下内容。

（1）《宪法》和国家基本法律的宣传教育。通过对《宪法》、国家基本法律和社会主义法治理念的宣传教育，引导广大职工充分认识到社会主义制度的优越性，进一步增强《宪法》意识、公民意识、爱国意识、民主法治意识和法治观念，形成崇尚《宪法》、遵守《宪法》、维护《宪法》权威的良好氛围。

（2）保障职工权益的法律法规的宣传教育。要通过宣传、教育和各类培训，使广大职工了解《劳动法》《就业促进法》《劳动合同法》《劳动争议调解仲裁法》《社会保险法》《职业病防治法》《安全生产法》《妇女权益保障法》《女职工劳动保护条例》等涉及职工切身利益的法律法规，提高广大职工群众依法维权的意识和能力水平。当前，尤其要加强《工会法》《工会法实施办法》《民主管理条例》《集体合同条例》等法律法规的宣传教育培训，开通职工的维权通道，发挥工会的作用，帮助职工理性维权。

（3）社会管理相关法律法规的宣传教育。工会还要加强对社会治安综合治理、外来务工人员服务和管理、突发事件应急处置、信访、调解、仲裁和法律援助等相关法律法规、政策的宣传教育和培训，引导职工依法理性表达利益诉求和维护自身合法权益，依法化解劳动关系矛盾和劳动争议，维护职工队伍权益和社会稳定。

（4）与职工生活密切相关的法律法规。加强对《婚姻法》《继承法》《物权法》《侵权责任法》《消费者权益保护法》《专利法》《治安管理处罚法》《道路交通安全法》等与职工日常生活密切相关的法律法规的宣传教育，强化职工的公民意识，增强职工遵纪守法、依法维权意识，提升广大职工群众的法律素养和综合素质，引导职工积极参与到维护社会稳定、维持市场经济秩序和社会主义精神文明建设之中。

2. 职工法治宣传教育的方法

职工法治宣传教育的方法多种多样，也各有优势和特色，各级工会要根据职工群体的特点、学习习惯、宣传内容的特点和要求，同时结合日新月异的新媒体手段，丰富多彩地开展法治宣传教育和培训。

（1）提供培训书籍或资料。针对职工关注的热点和焦点问题，尤其是在职工关注的法规修订或出台之际，工会要及时开展法律宣传教育和培训，及时为职工提供法律书籍、教材、资料等，便于职工自学。由于每个地区、每个行业、每个企业职工的特点不同，如若能有针对性地为职工编写一些法律教材或资料，例如读本、案例集、速查手册、挂图、口袋书等，将是最好的一种书籍培训方法。

（2）法律知识培训。面向职工开展各类不同形式的法律知识培训是提升职工法律素质的不可缺少的方法。要通过培训，使职工在较短时间内掌握相应领域的法律知识，并通过师生互动，有助于职工理解所学知识，是效果较好的一种方法。法律知识培训的培训方法包括专题法律培训班、专题报告或讲座、法律案例讲解等。

（3）法律知识展览。指通过形象的方式，以展览的形式将法律知识传播给职工，便于职工利用业余时间快速掌握相应的法律知识。展览的形式有很多，例如板报、法治宣传栏、法治宣传网页等。

（4）新媒体普法。很多工会利用法律知识竞赛的方式，将法律条款变成一个一个的知识题，使职工在答题的过程中学习了法律知识。随着新媒体的应用，知识竞赛变得既有趣味，又便于操作了。职工可以通过微信、网络等方式，轻松点击答题，并赢得红包，这些方式都值得推广。

（5）法治文艺演出。很多工会组织职工通过戏剧、小品、相声、快板、歌舞等方式，由职工自编、自导、自演法治文艺节目，以职工喜闻乐见的方式进行法治宣传和教育，帮助职工提升法律素养。

（6）法律知识演讲比赛。将法律知识、法律法规、法律故事、学法用法心得体会等通过演讲比赛的方式表达出来。它是法治宣传教育的一种很好的手段和途径。组织者可以采取一次性的法律知识演讲比赛，也可以采取初赛、复赛、决赛这样的多场次的方式来决出获奖者。演讲比赛较适合于青少年群体。

快速阅读

民主法治素质建设的载体和要求

序号	载体	工作
1	加强对职工及职工代表的培训	（1）要有培训的规划，确保有序深入地进行； （2）培训的内容主要为三个方面：一是党的方针政策和国家的法律法规，二是企业生产经营管理的相关知识培训，三是民主管理相关知识的培训； （3）职工代表的培训方法要创新，除了讲授法外，还可尝试案例分析法、研讨法、观摩法等
2	加强对职工的法治宣传和教育	（1）法治宣传教育的内容包括：一是《宪法》和国家基本法律，二是保障职工权益的法律法规，三是社会管理相关的法律法规，四是与职工生活相关的法律法规； （2）法治宣传教育的方法包括：一是提供学习书籍或资料，二是法律知识培训，三是法律知识展览，四是运用新媒体进行普法宣传，五是利用文艺演出等群众活动进行普法，六是开展演讲比赛、知识竞赛等方式的普法

第八章 提升职工健康安全素质建设水平

职工健康安全素质是指职工的职业健康安全意识、知识和技能的总和。提升职工健康安全素质，首先，要树立职业健康安全意识，增强健康意识、风险意识、防范意识、科学意识和守法意识；其次，要熟悉职业健康安全知识，必须要了解职业安全、职业卫生、心理健康等方面的知识，了解危险因素及预防和应对方法；最后，要掌握职业健康安全技能，掌握现代社会中安全生产的基本技能、遇险正确逃生的方法和事故应急处理的方法与技能。

一、职工健康安全素质的内容和意义

（一）职工健康安全素质的内容

职工健康安全素质主要包含以下三个方面的内容：一是职业安全素质，指职工在工作过程中，为了预防事故发生，确保人身安全而具备的意识、知识和技能。二是职业健康素质，指职工在工作过程中，为了避免职业病的发生而具备的意识、知识和技能。三是心理健康素质，指职工在社交、生产、生活上能与其他人保持较好的沟通或配合，心态积极，心理素质较好。

（二）提高职工健康安全素质的意义

1. 提高职工素质是国家法律法规的要求

《安全生产法》第二十五条规定：生产经营单位应当对从业人员进行安全生产教育和培训，保证从业人员具备必要的安全生产知识，熟悉有关的安全生产规章制度和安全操作规程，掌握本岗位的安全操作技能，了解事故应急处理措施，知悉自身在安全生产方面的权利和义务。未经安全生产教育和培训合格的从业人员，不得上岗作业。国家安监总局也公布了《安全生产培训管理办法》和《生产经营单位安全教育培训规定》，对安全教育培训做了详尽的规定、要求和细化。

同时，根据全总关于建立职工安全生产监督体系的相关要求，工会要参与企业的安全生产工作，积极督促相关法律的落实和企业安全生产主体责任的落实，开展群众性安全生产监督工作等。

2. 提升职工健康安全素质是企业生存和发展的关键

安全能增加企业的经济效益，这是不容置疑的。它不仅能给企业带来直接的经济效益，预防和减少事故，减少人员伤亡和事故经济损失，而且可以给企业带来间接的经济效益。从表面上看，经济效益与安全无关，而实质上，正是因为有了安全作保障，企业才能顺利达到实现生产的目的，并最终创造企业的效益。

任何一起事故都可能造成人的伤害和物的破坏，轻者人伤物损，重者人死物废，不仅剥夺了人的健康权和生命权，还直接威胁到企业赖以生产和发展的物质基础，任何企业放弃安全都将会给企业和人民群众的生命造成巨大灾难，这已成为被无数事实证明了的真理。而工作岗位的安全生产是整个企业安全生产的基础，只有切实保障每个工作岗位的安全，才能确保整个企业的安全生产。

因此，企业要实现安全，使安全生产实现“长治久安”，就必须建立长效机制，形成人人抓安全、人人讲安全、人人参与安全的大安全格局。从这个意义上讲，提高职工健康安全素质就成了企业生存发展的第一需要。

3. 提升职工健康安全素质是预防安全事故的根本要素

通过事故调查我们发现，超过90%的安全事故都是由于企业一线员工的不安全行为造成的，而习惯性违章、不按操作规程操作、操作失误造成事故又占了安全事故的绝大多数。因此，规范操作、标准化操作对安全生产尤为重要。各种生产安全事故都是发生在各个工种的岗位上的，而发生事故的岗位都存在较多的不危险因素，而不危险因素由量变到质变就变成了事故隐患，事故隐患如果不及时排查出来进行整治，最终必然会导致事故。

因此，必须提高职工素质，只有让其掌握隐患排查技术，才能准确及时地排查并整治隐患，最终消灭事故。只有这样，企业才能实现安全生产。

二、加强职工安全教育培训

（一）职工安全教育培训的内容

职工的职业安全培训大致可以归纳为职业安全意识、职业安全卫生知识、自救互救知识教育三个部分。

1. 职业安全意识培训

（1）关于职业安全卫生相关方针、政策和法规的培训。加强职业安全卫生方针、政策和法规方面的培训可以使企业员工及时了解和掌握国家有关政策、法规，知晓自己的健康与生命是受国家法律保护的，同时了解如何依法维护自己的生命健康与安全权。开展安全法规培训需要注意两点：一是必须保证安全生产法规教育培训内容的科学性和系统完整性，除了要注意对相关概念的科学理解外，还应做到不顾此失彼，一知半解和“各取所需”，必须提倡辩证地理解安全生产法规条款中互相制约的关系；二是要建立科学的、系统完整的安全生产法规教育培训体系，统筹规划，相互协调，避免漏洞，以保证科学、系统、完整地理解安全生产法规的条款和精神实质。

（2）关于职业安全卫生责任制的教育。职业安全卫生责任制是企业最基本的一项安全制度，它从制度上规定了企业各级领导、职能部门、有关工程技术管理人员及全体职工，在各自工作范围和工作岗位上应该对实现安全文明生产和职业病的防治负责。通过这一培训，既要使员工明确各级管理人员的职责，同时也要明确自己在安全生产中所负的责任，从而增强企业职工对安全生产的责任感，提升职工的责任意识，避免、预防意外事故和职业病的发生。

2. 职业安全卫生知识培训

（1）生产技术知识。职工掌握生产过程和生产原理的知识是进一步掌握安全技术知识的基础。职工对生产技术知识的熟练程度，在很大程度上决定着生产的安全程度。生产技术知识通常包括企业的基本生产概况、生产过程、工艺流程、操作方法，相应的机械设备结构、性能和工作原理，生产原料、成品和半成品的性能及贮存运输等方面的知识。通过对安全技术知识的学习，分析、研究其危害，探索其规律性、可防性，采取有效的防护措施是安全技术知识的基本内容。

（2）职业卫生技术。职业卫生技术是以职工在职业活动过程中免受有害因素侵害为目的，避免劳动环境对劳动者健康的影响，防止职业性危害的发生。职工长期在有害健康的劳动环境中工作，容易发生急、慢性病理改变，导致职业病或职业中毒。劳动环境中的物理因素如空气温度、湿度、热辐射、高频、微波、红外线、紫外线、电离、辐射、静电感应、噪声振动、电磁波、超声波、失重、超重等，化学因素如生产性毒物（有机溶剂蒸汽、有机气体、有机微粒）、生产性粉尘（矽尘、石棉尘、水泥尘、煤尘、金属粉尘）等，均可造成职业性危害，影响工人的身体健康。分析研究各种有害因素的危害，研究其规律性、可防性和预防措施是职业卫生研究的基本任务。职工要通过加强职业卫生技术的学习，提高预防职业危害的能力。

3. 自救互救知识教育培训

在企业的生产过程中，发生事故和职业危害是在所难免的，重要的是当发生事故或出现险情时，员工能够积极采取正确措施进行自救和互救，以便迅速妥善处理事故，减轻事故造成的痛苦和损失，例如进行触电、中毒、外伤等的救护。因此，日常的培训学习是非常必要的。

随着科学技术的发展，新工艺、新方法的应用，必然带来新的安全上的问题，因此应该注意加强职工的知识更新和提高，要开展新工艺、新技术、新产品、新设备、新规程的职业安全与卫生教育。特别是一些长期在基层工作的职工，由于工作繁忙，学习时间有限，需要定期对其进行培训提高，充实新知识、新理论，以便更好地工作。

（二）职业安全教育培训的方法

1. 加强职工安全生产知识培训

开展安全生产知识培训是一项基础性、持久性的工作。工会要主动作为，除了要协助督促行政，做好职工的三级安全教育培训、特殊作业人员和企业领导人员的安全管理知识培训等，还要借助自身优势和特点，把职工是否能熟悉掌握本行业、本企业安全技能和本岗位的安全操作规程等内容，当作一项主要工作抓在手中，借助工会阵地，做好职工安全知识的培训工作。在培训过程中，工会可根据企业实际和职工队伍状况开展形式多样的培训活动。

2. 开展职工安全教育活动

以职工喜闻乐见的形式宣传安全理念，寓教于乐、陶冶情操中灌输安全意识。通过在职工中广泛开展“我为安全献一计”“讲案例，话安全”“安全知识竞赛”“安全知识征文”“安全演讲比赛”等职工活动，增强职工的参与度，提高职工的安全意识和安全素质。要结合职工身边的案例进行教育，针对安全事故的发生，有目的地组织一些安全知识的强化教育。如企业发生高空坠落事故后，工会除了要积极参与事故的调查处理外，还要及时通过板报、内网、电视台等方式，将预防高空坠落的相关知识宣传到每位职工，提起大家的注意，吸取事故的教训。

3. 安全文化建设

通过对多起安全事故的研究我们发现，各种生产安全问题的出现不单纯与职工专业技能有关，还与员工的文化素质、劳动纪律、职业道德、团队协作能力成正相关关系。如果一个单位里员工文化素质普遍较高，大家都遵守劳动纪律，遵循职业道德，团队协作紧密，那么这个单位安全生产就很有可能做得好。在很多企业中，由于员工劳动纪律观念淡薄，班中脱岗、睡岗而造成安全事故的时有发生。有时，由于团队成员间协作不到位而导致的安全事故也不胜枚举。因此，职工安全素质的提高还需要进行企业安全文化的建设。安全文化建设可以通过一切可以利用的渠道和宣传媒体来进行宣传，扩大宣传面，其中主要包括报纸、书刊、广播、电影、电视、教学、培训、宣讲、竞赛、演习、文艺演出等；可以利用一切可以利用的形式来进行教育，其中包括新闻报道、报告文学、小说戏剧、电影电视、广播曲艺、教材讲义等。

4. 积极组织“安康杯”竞赛

“安康杯”竞赛是工会劳动保护工作的有效载体，它可以促进企业领导者和职工不断提高安全生产意识、职工劳动保护意识和自我保护能力，有效降低企业各类事故的发生率及职工各类职业病的发生率。“安康杯”竞赛活动启动于20世纪80年代，经过几十年的持续发展和完善，已成为工会开展劳动保护工作的有效品牌，成为企业工会劳动保护工作的有效载体，也成为维护职工安全健康权益的必要手段。

为了确保“安康杯”竞赛效果的长期性和持久性，在开展“安康杯”竞赛的过程中，还应注重以下几个方面的问题。

一是将“安康杯”竞赛与企业集体合同工作结合起来；二是将“安康杯”竞赛活动与职代会工作结合起来；三是将“安康杯”竞赛活动与建设项目职业安全卫生“三同时”监督结合起来。工会组织全过程参与建设项目职业安全卫生设施的设计审查及竣工验收，重点监督建设项目是否按照批准的设计全部配套建设了尘毒治理和安全设施项目，其质量是否符合验收标准，生产环境是否符合国家职业卫生和安全标准，对职工是否进行了安全技术培训、三级安全教育等。

三、职工安全教育培训中应注意的问题

1. 要分层分类地开展培训，提高培训的针对性

在实际工作中，有的企业组织的一些职工安全教育培训班不分行业、专业，而采取大合拢的搞法，应该说是不够恰当的。例如，办一个危化品生产企业安全教育培训班，就很难做到培训到位，因为它包括了很多行业，而行业和行业之间的差距，用“隔行如隔山”来形容是一点也不过分的。同样一种安全技能，在这个行业是必需的，搬到另一个行业用就不行，甚至会出事故。我们的安全教育培训如果不能细化到各个行业、各个专业，不能深入到企业生产现场，而仅仅是进行“大锅烩”是万万不可以的。由于生产经营单位各类人员所从事的工作不同，所要求的安全知识、技能也不相同。因此，员工安全教育培训应充分考虑他们各自的特点，做到因材施教。同时，应针对不同员工的不同文化水平、不同工种岗位、不同工作要求以及其他差异，在培训工作中区别对待。

2. 要结合岗位要求开展培训，提高培训的有效性

一些企业举办的培训班先是听领导讲法律法规，接着听老师念教材，最后看录像，接着就是考试，通过率100%，但学员在生产中遇到的一些常见问题却得不到任何解答；而在另外的一些企业中，培训偏重理论知识，局限于做读书游戏，好像只要将书本上的东西学一学、考一考就达到了目的。以上这些情况使大多数接受培训的职工感到学用成了两张皮，收效不大。如有的举办安全教育，整天从理论要领到专业术语，从工作感受到纪律要求，大家越听越不明白，考试虽然个个成绩不错，但到了实际中或面对问题时却一筹莫展，事故频出。因此，在开展职工安全教育培训时，培训内容要按员工培训需求来确定，而培训内容不同，培训方式和培训方法也应有所不同。例如，针对一线作业人员的安全操作技能的培训采用模拟训练法或示范教学法比较合适；针对领导和管理

人员的安全知识培训主要用案例分析研究法、课堂讲授法效果较好。

安全生产技术是一门实践性很强的学问，法律法规的学习固然重要，生产安全实际技能的学习也同样重要，培训的内容应紧密结合当前安全生产中存在的常见问题来讲。要知道，只讲空洞的理论而不联系实际是达不到培训目的的，这样做的效果也只能是空中楼阁，无济于事。

3. 要持之以恒地开展安全教育培训，防止走过场

要充分利用班级安全活动、班前讲话、安全会议、看录像、搞演讲等形式宣传学习安全知识，结合事故案例的学习，教育职工吸取教训。在一些安全教育搞得好的企业中，其安全教育不但是会上讲、班前讲，还自己创办了安全生产周报，分析单位安全生产情况，并设立安全警示专栏和先进单位安全管理经验介绍专栏介绍安全生产知识。

4. 充分利用真实案例开展培训，增强直观性

日常违规违纪和出事故后的现场教育，具备及时、直观、针对性强、教育效果明显的特点。例如，某区一企业电工接线时图省事，将火线、零线直接缠在闸刀的两杆上。用电时，闸刀合上了，用完电后将闸刀杆拉了下来（此时，火线被挤在两铜片之间），用户线接的是一个探伤仪。企业中有位工人想拿走接过探伤仪的电缆线，其认为闸刀杆拉下来了电线就没有电了，就准备用手缠电缆线，结果刚一接触，就被电击死。抓住这一时机，该区立即召开企业管理人员现场会，使相关人员受到了深刻的教育。不过，在利用事故案例进行教育时，也要适当注意分寸和效果，避免为介绍而介绍的倾向，也避免有意无意地过分夸大事故后果的严重性。结合典型事故案例进行安全生产宣传教育，最好是把各类事故案例纳入一定的系统，避免就事论事。要抓住重点，以点带面，通过事故案例说明安全生产法规的实质性内容，让大家理解安全生产法规的精神实质。

安全教育的培训工作是一个系统的工程，而以人为本，提高人的安全素质是该项工作的核心内容，只有通过加强安全生产教育培训，提高

职工的安全意识，增强安全素质，才能保障安全生产。

四、提高职工心理健康素质的重要性

2010 年 4 月，中华全国总工会发出《关于进一步做好职工队伍和社会稳定工作的意见》，《意见》中特别强调，要加强对青年职工特别是新生代农民工的心理疏导，关心职工的生产生活，使广大职工有尊严地生活，实现体面劳动。在职工心理特点日益多元的当今社会，做好职工的心理服务，增强人文关怀，提高职工的心理素质，塑造积极向上的心态，具有越来越重要的意义。

当前，职工，特别是年轻职工面临着工作、生活的巨大压力。职工的心理压力如果得不到有效的缓解和释放，就容易产生焦躁、郁闷、挫折、激愤等负面情绪。这些心理失衡问题如果不予以足够重视并努力解决，对于员工的身心健康、企业的可持续发展、社会的和谐稳定都将产生不可低估的消极作用。

据有关资料显示，目前我国有 42% 的职工有轻度心理问题，近 6% 的职工有明显的心理障碍。典型的职工心理问题可归纳为五个方面：一是行为异常；二是认知障碍；三是情绪困扰；四是职业适应不良；五是缺乏职业生涯规划。此外，职工心理问题还包括职工的一些个人问题，比如恋爱情感、婚姻家庭、子女教育等。这些问题虽然是个人的，却是影响职工情绪的重要因素。而职工的不良情绪将很容易导致企业安全事故的发生和工作效率的降低。现代管理科学证实，员工心理健康，工作效率才高，组织的效益也才会水涨船高。

全总强调，各级工会要加强对职工的人文关怀，所谓人文关怀，就是在关注人的生存与发展的同时，满足其精神需求。事实上，单纯只是有能力的职工并不是最佳生产力，只有身心健康、充满幸福、积极向上的职工才是优秀的生产力。从提高职工心理健康水平的角度激发职工的潜能，从职业价值感、组织认同感和人生幸福感的角度调动职工的积极性，能在很大程度上改善职工的职业心态和职业精神。

五、提高职工心理健康素质的途径

1. 员工 EAP 计划

员工 EAP（Employee Assistance Program），即员工心理帮助计划，是企业对职工进行人文关怀的一种重要体现形式，也是企业为职工提供的系统、长期的心理援助和福利项目。员工 EAP 计划通过专业人员对组织及职工进行诊断和建议，提供专业指导、培训和咨询，帮助职工及其家庭成员解决心理和行为问题，提高员工工作绩效，改善企业氛围。当前，世界 500 强企业中，有 90% 以上都建立了 EAP，美国有将近 1/4 企业的员工享受 EAP 服务。

企业可以根据自身情况建立内部的 EAP 服务计划，也可以建立外部的 EAP 服务计划。内部 EAP 服务建立在企业内部，其会配置专门机构或人员，为员工提供服务。这一方式更贴近和了解企业及员工的情况，因而能更及时有效地发现和解决问题，但需要配置专业的人才和设备。外部 EAP 培训由外部专业 EAP 培训服务机构操作，企业需要与服务机构签订合同，并安排1～2 名 EAP 专员负责联络和配合。这一方式比较专业，但需要一定的经费投入。

EAP 服务的服务内容通常包括以下几个方面。

（1）专业的员工职业心理健康问题评估。

（2）由专业人员采用专业的心理健康评估方法，评估员工心理、生活质量现状，分析导致问题产生的原因。

（3）职工心理健康宣传。

（4）利用海报、自助卡、健康知识讲座等多种形式树立员工对心理健康的正确认识，鼓励员工遇到心理困扰问题时积极寻求帮助。

（5）工作环境的设计与改善。一方面，改善工作硬环境，即物理环境；另一方面，通过组织结构变革、领导力培训、团队建设、工作轮换、员工生涯规划等手段，改善工作的软环境，在企业内部建立支持性的工作环境，丰富员工的工作内容，指明员工的发展方向，消除造成员工困扰的诱因。

（6）员工和管理者培训，即通过压力管理、挫折应对、保持积极情绪、咨询式的管理者等一系列培训，帮助员工掌握提高心理素质的基本方法，增强对心理问题的抵抗力。同时，加大对管理者的培训，使其掌握员工心理管理的技术，能在员工出现心理困扰问题时，很快找到适当的解决方法。

（7）多种形式的员工团体心理咨询，对于受心理问题困扰的员工，提供咨询热线、网上咨询、团体辅导、个人面询等形式丰富的服务，充分解决员工的心理困扰问题。

（8）企业员工心理档案的建立。针对企业的现状，为每位员工建立心理档案，并为每位员工做心理健康指数的评估，在此基础上，将员工心理辅导与企业管理相结合，缓解企业内部矛盾，构建和谐企业新机制。

2. 建立职工心理关爱在线模式

建设全覆盖的心理健康线上帮扶热线，为职工提供及时有效的咨询服务。建立职工心理健康网站，确保职工进行即时、便捷、私密的线上咨询。在线心理咨询的优点有以下几方面。

（1）便于为当事人保密，减轻咨询职工的心理压力。

（2）咨访关系平等轻松，在虚拟的条件下进行咨询，避免了面对面的压力和尴尬。

（3）职工使用便捷，随时根据自己的需要选择咨询或终止咨询，可以自由选择自己喜欢的咨询师，或以新的身份重新登录。同时，网络方便快捷，职工只要有一台可以上网的计算机，就可以寻求心理专家或诸多网友的帮助，这样可以及时解决心理上困惑的问题，以免留下心理疾病的引子。

（4）便于存储和查询案例。在传统的心理咨询中，案例的保存和查询是一件相当费时费力的琐碎事务，而借助于现代技术手段，这一点在网络咨询中很容易实现。这极大提高了咨询师进行督导和研究的效率，同时也为工会干部提供了工作数据的支撑。

3. 职工心理健康知识培训

职工心理健康知识培训是指将心理学的理论、理念、方法和技术有针对性地传授给职工，以更好地解决员工的动机、心态、心智模式、情商、意志、潜能及心理素质等一系列心理问题，使员工心态得到调适、心态模式得到改善、意志品质得到提升、潜能得到开发。

职工心理健康知识培训与其他培训相比，要突出以下特点：一是培训活动的体验性。即培训中强调职工积极参与活动，运用各种道具、实物，借用一定的场地、实境，精心设计各种模拟环境、实战情景，通过充分地参与活动来获得个人体验。二是培训方式的行为强化性。在为职工开展心理培训的过程中，可以设置有一定难度的活动来考验职工的心理承受度，促使职工挑战自己的心理，直面真实的自我。三是培训现场的反馈互动性。培训的过程要强调培训师与受训者、受训者与受训者之间信息的交流分享和共享，起到反馈和互动的作用。

当前，企业开展职工心理健康知识培训可以选择以下主题。

（1）职工个性、气质、人格与职业定位和规划，目标是帮助职工剖析自己的个性心理特征，并结合企业的需求来设计岗位配置和个人职业规划。

（2）新员工职场心理调适培训，主要是帮助新员工适应职场的常见问题，减少适应期带来的职业茫然和心理压力。

（3）职工心理危机识别与干预，主要是帮助管理者和员工了解各种心理危机源及其应激心理反应，同时掌握一些心理危机干预的方法和预警机制。

（4）职场人际关系处理方法与技巧，主要是帮助职工了解职场中会遇到哪些人际关系以及处理这些关系的方法与技巧，促进职工之间良好的人际互动。

（5）团队协作与企业凝聚力提升，主要帮助团队明确团队构成要素，提升员协作能力和企业凝聚力，帮助职工有效合作。

（6）职场心理疲惫与压力调节，主要是帮助职工分析常见的职场压力源与压力的表现形式，以及如何进行压力管理与心理调适。

（7）现代职场女性的心理健康保健，主要帮助女职工认识职场中可能遇到的各类心理问题及其应对方法。

（8）管理者的心态与组织能力，主要帮助管理者或即将走上管理岗位的职工建立正确的心态，提升其组织管理能力。

（9）职工常见心理问题的识别与调适，帮助职工认识常见的几类心理问题，并掌握基本的调适方法，消除职工对心理问题的误解与排斥。

（10）职工家庭与工作的平衡，帮助职工正确处理家庭压力与工作关系，有效平衡事业与家庭的关系。

（11）青年职工的婚恋情感问题，帮助青年职工正确处理恋爱、婚姻等情感需求及常见的心理问题。

（12）职工亲子关系的处理，帮助职工了解家庭对孩子性格、气质的影响，帮助职工了解如何对待孩子的成长。

4. 建立职工心理辅导机制

职工的心理健康状况需要进行持续的关注和关爱，因此，工会应建立有效的职工心理辅导机制，其主要包括以下内容：一是开设职工心理救助热线或职工心理服务网，全方位地为职工提供专业的心理辅导；二是定期举办内容丰富的职工心理辅导活动，例如每月或每季开展职工心理辅导现场活动，形式可以涵盖心理剧、团队心理辅导、心理趣味游戏等；三是定期进行心理健康测评，结合职工年度体检，依托心理健康测评机构和系统，每年对职工开展一次心理状况评估，建立职工心理健康信息档案，及时跟踪职工的心理变化；四是开展职工心理危机干预，根据心理测评结果，开展咨询或辅导等心理干预，针对心理问题严重的职工，建议就医治疗。

快速阅读

健康安全素质建设的载体和要求

序号	载体	工作
1	加强职工的安全教育培训	(1) 安全教育培训的内容包括： 一是职业安全意识培训； 二是职业安全与卫生知识培训； 三是安全生产中自救互救知识培训； 四是新工艺术、新方法的及时培训。 (2) 安全教育培训的方法要贴近职工，包括： 一是知识培训； 二是开展职工参与的安全活动； 三是加强安全文化建设； 四是开展好“安康杯”竞赛活动
2	重视职工的心理健康与关怀	(1) 推动企业建立员工 EAP 计划； (2) 建立职工心理关心的在线模式，为职工提供便捷式的心理关怀与服务； (3) 开展职工心理健康知识培训； (4) 建立职工心理辅导机制

全国职工素质建设工程五年规划（2015—2019年）

（2015年4月10日　总工发〔2015〕10号）

根据中共中央办公厅《关于培育和践行社会主义核心价值观的意见》《国家中长期人才发展规划纲要（2010—2020年）》和《国务院关于加快发展现代职业教育的决定》，结合《全国职工素质建设工程五年规划（2009—2014年）》实施情况，制定《全国职工素质建设工程五年规划（2015—2019年）》。

一、指导思想

以邓小平理论、"三个代表"重要思想、科学发展观为指导，深入贯彻习近平总书记系列重要讲话精神，紧紧围绕全面建成小康社会、全面深化改革、全面依法治国、全面从严治党战略布局，充分发挥工会"大学校"作用，以培育和践行社会主义核心价值观为主线，以培养职工职业精神和提高职工技术技能素质为重点，深入实施全国职工素质建设工程，加快培养高素质劳动者，为实现"两个一百年"奋斗目标、实现中华民族伟大复兴的中国梦提供坚实的人才保障。

二、目标任务

到2019年，建立起资源集成、形式多样、贴近职工、务实有效的职工素质建设工程模式，培育形成一批职工素质建设工程品牌项目，建设起覆盖全体职工的内容丰富、高效便捷的信息化职工学习培训服务平台。通过实施职工素质建设工程，职工队伍团结奋斗的共同思想基础更加巩固，职业精神更加牢固，职业技能显著提升，文明素养明显进步。

——加强职工队伍思想道德素质建设，培育和践行社会主义核心价值观。不断深化“中国梦·劳动美”教育实践活动，引导广大职工增强道路自信、理论自信、制度自信和价值观自信，强化敬业奉献精神，激发劳动创造力量。教育实践活动要覆盖全体职工。深入推进职业道德、社会公德、家庭美德和个人品德建设。全总每两年表彰一批职工职业道德建设标兵单位和标兵个人。

——加强科学文化素质建设，加快职工队伍知识化进程。通过各类科学文化知识的教育、传播与普及，引导职工树立科学理念，提升科学文化素养。各级工会每年帮助50万名职工提升学历水平。加强职工教育培训阵地建设，全总每年命名200个全国职工教育培训优秀示范点，给予重点扶持。全国职工素质建设工程领导小组每年命名一批职工读书活动先进单位和先进个人。全总每年继续在各地建1000个职工书屋示范点，带动各地工会每年新建10000个职工书屋，吸引职工积极参与各种读书活动。大力繁荣先进职工文化，着力培育一批职工文化业余骨干队伍，建设一批职工文化示范阵地，确定一批职工文化艺术创作培训基地，推出一批职工文化艺术活动品牌，打造一批职工文化艺术精品，树立一批职工文化建设工作先进典型。

——加强职工队伍技术技能素质建设，培养技能型创新型人才。不断扩大各类技术技能竞赛、岗位练兵、技能培训覆盖面，每年帮助100万职工提升技术等级。全总每3年命名一批全国示范性劳模创新工作室，授予“全国示范性劳模创新工作室”称号。设立职工创新专项资金，用于支持劳模创新工作室开展技术创新攻关和职工技能素质提升活动。

——加强职工队伍民主法治素质建设，引导广大职工尊法学法守法用法。推进党的十八届四中全会精神和法治宣传教育下基层、进企业、入班组，各类普法宣传教育做到全覆盖。加强职代会、厂务公开、集体合同等民主管理和集体协商知识的普及与培训，增强职工民主参与、民主管理和民主监督意识，提高依法理性表达诉求的能力。

——加强职工队伍健康安全卫生素质建设，促进实现职工安全生产和体面劳动。大力倡导健康安全卫生理念，着力普及健康安全知识，坚持不懈地开展全员安全生产和职业病防治专业知识普及工作，推动职业教育院校和各类职业培训机构把安全生产纳入教育培训内容，各类群众性职业安全卫生教育和“安康杯”竞赛活动覆盖率达到85%以上。动员组织广大职工积极参加全民健身活动，进一步提升职工健康生活指数。

三、主要载体

（一）深入开展“中国梦·劳动美”教育实践活动。

以职工大讲堂、演讲比赛、主题报告会、座谈会等多种形式，在广大职工中开展形式多样、生动活泼的教育实践活动，引导职工把实现个人理想、岗位建功立业与实现中国梦紧密结合起来，以“劳动美”成就“中国梦”。

贯彻落实《中华全国总工会关于在广大职工中培育和践行社会主义核心价值观的实施意见》，将培育社会主义核心价值观融入到职工教育培训工作的全过程，渗透到职工日常工作、学习和生活各方面，成为职工文化建设的核心内容。深入挖掘各种重要节庆日、纪念日蕴藏的丰富教育资源，组织广大职工积极参与七一、十一等政治性节日，中国人民抗日战争全面爆发纪念日、抗日战争胜利纪念日、南京大屠杀死难者国家公祭日、烈士纪念日等重大历史事件、重要历史人物纪念日、重大节庆日的纪念活动。充分发挥中国志愿服务联合会职工委员会的作用，把广大职工开展各种形式的志愿服务活动常态化，培育形成一批职工志愿服务活动品牌，积极引导广大职工争做雷锋精神的传承者。

加强职业道德、社会公德、家庭美德、个人品德教育。组织道德论坛、道德讲堂、道德修身等活动，采用各种形式送教上门，在职工中进行以中华民族传统美德为核心的社会文明教育。把提升农民工文明素养和职业素养放在更加突出的位置，广泛开展培养新工人、新市民活动，对农民工进行市民意识、法律维权、职业素养、励志成才、城市生活常识、文明礼仪等方面内容的教育和培训。

（二）深入开展职工读书学习活动。

广泛深入开展“争当学习型职工读书活动”。不断丰富活动形式，及时总结和推广典型经验，选树先进个人，培育不同类型、各具特色的学习型团队和班组。通过举办读书会和报告会、推荐好书、征文、演讲、职工读书成果发布会、评选读书明星等形式，引导职工多读书、读好书，提升自身素质。

推广实施“农民工求学圆梦助推计划”。通过提供优惠政策、学费资助、实行学分累计等手段和灵活的形式，鼓励和帮助农民工提升学历层次，推广适应农民工工作特点和实际需求的“学分银行”、“现代学徒制”等教育培训新模式，为农民工接受继续教育提供多样化途径。

加强和规范职工书屋建设。实施《全国工会职工书屋建设工程五年规划（2014—2018 年）》，新建的职工书屋向基础设施较差的中西部地区、老少边穷及少数民族地区、新型城镇化进程中农民工集中流入的地区及行业倾斜。丰富拓展职工书屋的内容与形式、功能与作用，推进全国工会电子职工书屋平台建设。

（三）深入开展职工职业道德建设活动。

推动职工职业道德教育纳入到各类企业职工岗前培训和日常培训之中。注重发挥劳模的示范引领作用，广泛开展劳模大讲堂、劳模事迹报告会、劳模进校园等活动，弘扬劳模精神和劳动精神。在各行各业和广大职工中广泛开展“岗位学雷锋”。以诚信、敬业为主题，在工业企业和建筑企业中重点开展“用敬业做产品”主题活动，在商贸类企业中重点开展“守法诚信经营”主题活动。扎实开展职工职业道德建设标兵评选表彰等典型选树工作。

（四）深入开展劳动竞赛和技术技能培训活动。

围绕国家重大建设工程项目和国家区域发展重大战略的实施，深入开展重大工程劳动竞赛、促进区域发展示范性劳动竞赛和“振兴杯”劳动竞赛。围绕加快转变经济发展方式，不断深化竞赛内容，引导广大职工立足本职岗位节能减排，深化在电力、煤炭、钢铁等高耗能、高排放行业中开展重点行业节能减排达标竞赛活动。组织职工广泛参与合理化建议和小发明、小创造、小革新、小设计、小建议等“五小”活动。继续推动非公企业劳动竞赛工作。深入开展以创建“工人先锋号”为载体的班组竞赛活动，把竞赛活动与企业生产经营相结合，与企业技术进步相结合，引导职工学习新知识、钻研新技术、使用新方法。

推动劳模创新工作室创建工作深入发展，增强劳模创新工作室的创新攻关能力、人才培养能力、集成创新能力，发挥劳模创新工作室的综合效应。全总出台《全国示范性劳模创新工作室管理办法》，对“全国示范性劳模创新工作室”实行动态管理。

进一步加强中国职工技术协会组织建设、队伍建设、能力建设、机制建设、信息化平台建设和职业技能实训基地建设。深入开展职工技术培训、技术攻关、技术协作、技术咨询、技术服务、科普教育和国际交流活动。扎实做好职工技术创新成果评比、推荐、展示、交流、推广和转化等工作。充分发挥产业工会作用，广泛组织动员不同行业、不同领域、不同类型的企事业单位开展岗位练兵、技术比武等活动。

（五）深入开展民主法治宣传教育活动。

以“六五”普法验收和开展“七五”普法为抓手，以学习宣传贯彻党的十八届四中全会精神、弘扬社会主义法治精神为主线，以《宪法》《劳动法》《工会法》《劳动合同法》《妇女权益保障法》等法律法规宣传教育为重点，把在广大职工中开展法治宣传教育活动不断引向深入。把集中宣传与日常宣传有机结合起来、学法与用法有机结合起来、普遍性宣传与在农民工集中的地方和企业进行重点宣传有机结合起来，加强普法宣讲团、志愿者队伍建设，送法下基层、进企业，积极开展“法治宣传月”、“法治宣传周”、法律知识大讲堂、法律知识竞赛等各种形式的法律宣传服务活动。推动地方工会开通普法网站和微博，开设职工法律咨询热线，建立职工法律援助中心。落实好《中华全国总工会法律人才队伍建设三年规划（2014—2016年）》，大力培养工会系统法律人才。

加强职代会、厂务公开、集体合同等民主管理和集体协商知识的普及与培训，增强职工民主素养。组织职工参与厂务公开、职代会等民主管理和民主监督工作，依法履行民主权利。动员广大职工全过程参与集体协商工作，使集体协商内容真正反映职工的意愿。

（六）深入开展群众性安全生产和职业病防治教育活动。

广泛开展“安康杯”竞赛活动，推进企业安全文化建设。在各类企业广泛开展职工安全生产、职业病防治以及女职工“四期”保护教育，引导职工提高安全意识和职业健康意识，自觉遵守安全生产制度，严格执行作业标准。及时总结和推广企业安全生产经验典型，监督企业落实劳动保护条例。

（七）深入开展职工文化体育活动。

推动建立党政工齐抓共管的职工文化建设工作机制，搭建职工群众便于参与、乐于参与的活动平台。以举办“五一”特别节目、职工艺术节和职工摄影、诗词、美术书法、微电影等大赛以及职工运动会等活动为载体，经常性开展丰富多彩的职工文化体育活动。培育一批基层职工文化业余骨干队伍，建设一批以工人文化宫（俱乐部）、职工学校、企业职工文化活动中心为主体的职工文化建设示范阵地，确定一批基层职工文化艺术创作培训基地，推出一批以“中国梦·劳动美”为主题、体现社会主义核心价值观的职工文化艺术活动品牌，打造一批以职工生产生活为题材的文化艺术精品，树立一批常年活跃在基层一线、积极服务职工的职工文化建设工作先进典型。

增强职工的体能素质和心理素质。动员和组织职工积极参加各种形式的体育健身活动。加强对职工的人文关怀和心理疏导工作，引导和督促企业广泛开展心理咨询与培训，开通职工心理咨询热线，开展职工心理健康教育，帮助职工保持健康积极的心态。

四、保障措施

（一）切实加强组织领导。

推动建立在党委领导下，政府支持、工会牵头、社会参与的职工素质建设工程工作机制。加强与政府部门的沟通协作，推动职工素质建设工程有关政策的制定和落实，积极争取将相关工作纳入国家和地方人才发展规划以及国家高技能人才振兴计划，与有关部门共同部署、合力实施。

（二）建立经费保障机制。

建立政府财政支持、工会经费补贴、企业及社会各方分担的职工素质建设工程经费支持和资金保障机制。积极争取政府及相关部门的职工教育培训补贴政策，多方筹集职工教育培训资金。督促和监督企业落实工资总额的1.5—2.5%用于职工教育培训经费，并确保职工教育培训经费总额的60%以上用于一线职工的教育培训，将此项经费落实情况作为厂务公开和集体合同的重要内容。

（三）加强职工教育培训阵地建设。

各级工会要高度重视工会系统职工教育培训阵地建设，加大对职工学校的投入，支持其改善办学条件，增强师资力量。加强职工文化阵地建设，推进建设功能完善、服务体系健全的工人文化宫（俱乐部）或职工文化活动场所。加强职工实训基地软硬件建设，并通过信息公示制度、星级评定制度、年检评估制度等进一步规范管理。发展在线教育，完善职工教育培训网络体系，搭建智能化、移动化、线上线下相结合的职工在线学习平台。

（四）完善考核激励机制。

建立健全符合职工素质建设工程工作特点的考核奖惩机制，把职工素质建设工程纳入同级工会年度工作计划，同部署、同推进、同落实、同考核。各省级职工素质建设工程领导小组要适时对规划的实施情况进行检查评估，上报全国职工素质建设工程领导小组。

各省级工会要根据本规划要求，结合实际制定具体实施意见。全国职工素质建设工程领导小组办公室加强对本规划实施情况的督促检查，确保规划各项任务扎实推进，取得实效。